JN292327

デカルトの方法

松枝啓至

Premiere Collection

René Descartes

|REGULA IV.

Neceſſaria eſt Methodus ad rerum veritatem inveſtigandam.

Tam cæcâ Mortales curioſitate tenentur, vt ſæpe per ignotas vias deducant ingenia, abſque vllâ ſperandi ratione, ſed tantummodo periculum facturi, vtrum illic jaceat quod quærunt : veluti ſi quis tam ſtolidâ cupiditate arderet theſaurum inveniendi, vt perpetuò per plateas vagaretur, quærendo vtrùm fortè aliquem à viatore amiſſum reperiret. Ita ſtudent fere omnes Chymici, Geometræ plurimi, & Philoſophi non pauci ; & quidem non nego illos interdum tam feliciter errare, vt aliquid veri reperiant ; ideo tamen non magis induſtrios eſſe concedo, ſed tantùm magis fortunatos. Atqui longè ſatius eſt, de nullius rei veritate quærendâ vnquam cogitare, quàm id ſacere abſque methodo : certiſſimum enim eſt, per ejuſmodi ſtudia inordinata, & meditationes obſcuras, naturale lumen confundi atque ingenia excæcari ; & quicumque ita in tenebris ambulare aſſueſcunt, adeò debilitant oculorum aciem, vt poſtea lucem apertam ferre non poſſint : quod etiam experientiâ comprobatur, cùm ſæpiſſimè videamus

京都大学学術出版会

プリミエ・コレクションの創刊に際して

「プリミエ」とは、初演を意味するフランス語の「première」から転じた「初演する、主演する」を意味する英語です。本コレクションのタイトルには、初々しい若い知性のデビュー作という意味がこめられています。

いわゆる大学院重点化によって博士学位取得者を増強する計画が始まってから十数年になります。学界、産業界、政界、官界さらには国際機関等に博士学位取得者が歓迎される時代がやがて到来するという当初の見通しは、国内外の諸状況もあって未だ実現せず、そのため、長期の研鑽を積みながら厳しい日々を送っている若手研究者も少なくありません。

しかしながら、多くの優秀な人材を学界に迎えたことで学術研究は新しい活況を呈し、領域によっては、既存の研究には見られなかった溌剌とした視点や方法が、若い人々によってもたらされています。そうした優れた業績を広く公開することは、学界のみならず、歴史の転換点にある21世紀の社会全体にとっても、未来を拓く大きな資産になることは間違いありません。

このたび、京都大学では、常にフロンティアに挑戦することで我が国の教育・研究において誉れある幾多の成果をもたらしてきた百有余年の歴史の上に、若手研究者の優れた業績を世に出すための支援制度を設けることに致しました。本コレクションの各巻は、いずれもこの制度のもとに刊行されるモノグラフです。ここでデビューした研究者は、我が国のみならず、国際的な学界において、将来につながる学術研究のリーダーとして活躍が期待される人たちです。関係者、読者の方々共々、このコレクションが健やかに成長していくことを見守っていきたいと祈念します。

第25代　京都大学総長　松本　紘

目次

はじめに

ルネ・デカルト（一五九六―一六五〇年）。言うまでもなく、様々な意味合いにおいて近代から現代にかけての哲学・思想の方向を決定付けた人物である。そのことをどう評価するかはともかく、その事実を無視することはできない。無視できないからこそ、デカルトの生前から死後現代に至るまで、彼の思想をめぐって様々な議論が積み重ねられてきたわけである。本書もその膨大な論考の蓄積の上に成り立っているわけだが、それでは本書では何を主題として取り上げるのか。それはデカルトの「方法（Methodus）」である。しかしながら、これこそまさに語りつくされたテーマではないのか。それにもかかわらずなぜこの問題を取り上げねばならないのか。まずはデカルトがなぜ「方法」にこだわったのか、そして彼の「方法」がどのようなものなのか、それらを簡潔に確認してみよう。

デカルトは青年時代、当時ヨーロッパで最も有名な学校の一つと評されたイエズス会系のラ・フレーシュ学院（一六〇四年設立）で学んでいる。学院の教育体制は伝統的なスコラ哲学が中心ではあったのだが、一六一一年には、前年のガリレオ・ガリレイによる木星の衛星の発見を称えたりもしていて、リベラルな面も備えていたようである。デカルトはこの学院で人文学（論理学、修辞学、文法学など）を学び、自然学や形而上学や哲学などに関しては、伝統的なアリストテレス流の教説を学んだ。しかしながらデカルトは学院で学んだことに対しては満足していなかったようで、そのことは『方法序説』（一六三七年）の第I部に記されている。ただ数学に関しては、その論拠の確実性と明証性が理由でたいそう好んでいたらしい（AT, VI, 7）。デカルトはラ・フレーシュ学院を卒業後、ポワティエ大学に進学し、法律と医学を学んだようである。

デカルトはこのような学業を経たあと、一転して（『方法序説』第I部末尾の表現によれば）、「書物の学問」

をまったく捨てて、「世間（世界）という書物（le livre du monde）」と自分自身のうちにおいて研究し、様々な経験を重ねることに、自分の精神の全力を注ぎこもうと意を決することになる（AT, VI, 10）。デカルトは諸国を旅し様々なことを見聞するが、その間にどのような仕方で真理に達するべきか、どのような仕方で学問を構築していくべきか、について思いを巡らせている。たとえば『方法序説』第Ⅱ部においては、一六一九年の冬にドイツに滞在していたある日思索にふけったこととして、一人の建築家が独力ではじめから作り上げた建物は、何人もの建築家が他の目的のために作られた古い城壁などを利用して修復し作り上げられた建物よりも壮麗で秩序立っている、と記している（AT, VI, 11）。つまり学問に関しても、従来のあまり根拠が確かではない様々な学説を寄せ集めて作り上げたものよりも、一人の人間が理性をはたらかせ理性に導かれて土台から作り上げるものの方がより堅固である、とデカルトは考えている。そしてそのためにはあえて、今まで自分が受け入れてきた様々な見解を自分の信念のうちから一度はきっぱりと取り除いてしまおうと企てることが善い、とも述べている（AT, VI, 13）。ただし、むやみやたらと従来受け入れていたそのような諸々の意見を捨て去るというわけにはいかず、「その前に充分な時間を費やして、自分がとりかかる仕事の計画を立てて、私の精神が受け入れることのできるあらゆるものの認識に至るための真なる方法（la vraie méthode）を探究しよう」（AT, VI, 17）とデカルトは考えていた。

このようにデカルトは従来の学問体系に取って代わる新しい学問体系の構築を目指しており、そのために独自の「方法」を必要とした。とりわけ一七世紀は「科学革命の世紀」と呼ばれているように、自然科学の分野において大きな変革（天動説から地動説へ、ニュートンの万有引力の法則の発見など）が生じた時代であり、デカルトもその変革に大いに寄与している。その変革は従来のアリストテレス的な自然学の枠組みをはみ出るものであり、その変革を十全に捉えるための新たな自然学（Physica）の枠組み、そしてその土台となる新たな形而上学（Metaphysica）を構築することがデカルト（および同時代の哲学者たち）にとっても必須の作業であった。そしてその新たな自然学および形而上学の構築のためには、それを成し遂げるための正しい「方法」が必要であるが、デカルトは従来の方法では不充分であると考えていたようである。『方法序説』第Ⅱ部の叙述によれば、デカルトは従来の学問のうち論理学や幾何学における解析、代数学などには学ぶべきものがあると重要視していたが、これらも様々な欠陥を抱えており、これらに代わる他の方法を探究すべきであると考えている（AT, VI, 17-8）。こういったことが、デカルトが思索の道程の初期の段階から「方法」にこだわっていた理由であろう。

デカルトが探究する具体的な「方法」に関して言えば、たとえば一六二八―九年頃に執筆されたと推定される『精神指導の規則』（彼の生前には未刊行）の第四規則では、そのタイトルとして次のように記されている[1]。

> 第四規則
> 事物の真理を探究するためには方法が必要である（*Necessaria est Methodus ad rerum veritatem investigandum*）。（AT, X, 371）

そしてここでデカルトが考えているところの「方法」とは次のような規則のことである[2]。

> 方法ということでもって私は次のような確実で容易な諸々の規則のことと理解する。つまりそれらの規則を正確に固持した人は誰でも、決して偽なるものを真なるものと取り違えることはなく、また精神の努力を決して無益に浪費することなく、常に段々と知識を増大させながら、許容可能なすべてのものの真なる認識に至るであろうような規則である。（AT, X, 371-2）

そのような規則・方法が公に具体的な形で示されるのは、よく知られているように『方法序説』第Ⅱ部においてである。そこでは四つの規則、すなわちいわゆる「明証性の規則」「分析の規則」「総合の規則」「枚挙の規則」が提示される。(3) これらの「方法」を用いて「理性をよく導き、諸々の学問において真理を探究する(bien conduire sa raison et chercher la vérité dans les sciences)」(AT, VI, 1)ことになるわけである。そしてデカルトは最終的にこれらの四つの規則(つまり「方法」)を用いることで、自分の理性を正しくはたらかせて、哲学における確実な原理(いわゆる「私は思惟する、ゆえに私はある」)を見出し、それを土台として新たな学問体系の構築を試みたのである。

それではこのような「方法」を用いて構築される学問とはどのようなものであろうか。まずデカルトは諸々の学問を互いに関係し合う全体として捉えている。たとえば、『精神指導の規則』第一規則でデカルトは次のように記している。

> そのようにすべての学問は相互に結びついているので(ita omnes inter se esse connexas)、一つの学問を他の学問から引き離すよりも、それらを一緒に結び付けて学ぶほうが、一層簡単である、と考えるべきである。したがってもし誰かが真剣に事物の真理を探究しようと望むのならば、ある特定の学問を選ぶべきではない。というのも、すべての学問は相互に結合しており、また相互に依存し合っているからである(sunt enim omnes inter se conjunctae & a se invicem dependentes)。(AT, X, 361)

そしてここでデカルトが言うような学問同士の結びつきがいかなるものであるのかは、しばしば指摘されるように、『哲学原理』(一六四四年出版(ラテン語)、仏訳は一六四七年出版)の仏訳に添えられた序文の中の次の一節(いわゆる「哲学の樹」)が端的に示しているだろう。

> 学問［哲学 la Philosophie］全体は一本の樹（un arbre）のようなものであって、その根は形而上学（la Métaphysique）、その幹は自然学（la Physique）であり、この幹から出ている枝は諸々の学問すべてであって、これらは三つの主要な学問、すなわち医学と機械学、道徳とに帰着する。（AT, IX-2, 14）

つまり基盤としての形而上学が確固たるものとしてまずあり、自然学はそこから導き出される。そしてさらにその自然学から他の諸々の学問が展開されていく。デカルトが描く学問全体はそのような一本の樹のようなものであり、各々の学問の関係は、根・幹・枝という形で結びつき合っている。

それでは、各々の学問の依存関係・影響関係は果たしてどのようなものであろうか。先に引用した『精神指導の規則』第一規則では、「相互に依存し合っている」と述べられていたが、『哲学原理』の比喩を参照すると、一方向的な影響関係の色彩が濃いようである。つまり「形而上学から自然学へ」という方向である。この方向性がデカルトの主著『省察』（一六四一年初版、一六四二年第二版）の叙述をたどっていけば容易に読み取れるものであることは言うまでもないだろう。

しかしながらデカルトが学問構築をそのような方向で目論んでいたのが事実だとしても、彼が実際にそれを使って学問を構築しようとしたところの「方法」が彼の望むような効力を発揮していたかどうかは、あらためて問題とせねばならない。つまりたとえば先に見たように、デカルトは学問の影響関係として「形而上学から自然学へ」という方向を望んでいたが、果たして逆の影響関係はまったくないのか。つまり彼の「方法」には、自然学的な考察から得られたものは入り込んでいないのか。あるいは『方法序説』で彼が用いるような規則は形而上学から自然学へと学問を構築するにあたって充分なものであろうか。またあるいはデカルトの「方法」の典型例であるいわゆる「方法的懐疑」は、形而上学における第一の原理（つまり「私は思惟する、ゆえに私はある」）を発見することには効果的であったかもしれないが、そのあとそこから学問を再構築していく過程でこの「方法」が妨げとなるようなことはないのか。

このような問いのそれぞれはこれまでもデカルト哲学解釈史上幾度も問われてきた。たとえば先述した諸々の問いの最後のものは、本書の第Ⅱ部第一章でも扱う「デカルトの循環」という問題に関わるものであるが、この「デカルトの循環」という問題は『省察』が出版される際、第二反論や第四反論で指摘され、表面化している。[4] そしてこれらの問題は後代の哲学者たちによって論じられ、現代でも様々なデカルト研究者たちによって議論されている。ただそれらの問いに対する個々の答えとしては、デカルトの立場をあくまでも擁護するもの、逆にデカルトの論理は破綻しているとして一蹴するもの、それら両極端のものが多かったように思われる。[5] そのような現状を踏まえた上で、デカルトの「方法」が実際上どのような論理構造を有しているのかを明らかにすることは、充分意義があると思われる。とりわけ本書では、学問体系を構築していく際にデカルトが目指した「形而上学から自然学へ」という方向性の是非（一方向的なものではなく、双方向的なものではなかったのか）と、「方法的懐疑」という手続きが見かけほど単純ではなく、かなり入り組んだ構造を有していて、それが成立するためには様々な条件が必要となるということ（方法的懐疑がデカルトの望むような効力を発揮するにはかなりの困難さを伴うということ）、に焦点を合わせたい。

本書では先に挙げたような問題を念頭に置きつつ、できる限りデカルトのテキストを丹念に参照しながら彼の「方法」が有している論理構造の内実を探っていきたい。その際に考察を進めていくための枠組みとして、本書ではデカルトの「方法」を「観念」理論と「分析」理論の二本柱で構成されていると捉える。この二つの理論の具体的な内容は本書の議論が進んでいく中で徐々に明らかになるが、ここで簡潔に述べておくと次のようになる。まず一方の「観念」理論とは、デカルトの認識論上の重要な用語である「観念」を中心に含む認識理論である。デカルトが活躍した一七世紀においては、われわれが何をどのような仕方で認識するのかという問題に関して、心・意識において示され表されるものとしての「観念（idea）」なるものが重要視された。この「観念」なるものはデカルトの同時代人たちやのちの哲学者たち（スピノザ、ライプニッツ、ロック、バークリ、ヒュームなど）においても、彼らの哲学の中で大きな位置を占めていたし、一八世紀後半に活躍したカントにおいても、その概念は「表象（Vorstellung）」という用語に引き継がれている。そしてもう一方の「分析」理論とは、「私はある、私は存在する（*Ego sum, ego existo*）」（AT, VII, 25）という第一の真理を発見するための、いわゆる方法的懐疑をその典型とする真理発見のための理論である。本書第Ⅰ部第三章で詳しく述べるが、デカルトは『省察』において自分が従った方法を「分析（Analysis）」という用語で表現している。つまり形而上学における第一の真理を見出すために様々なものを「分析・分解」していくわけである。狭い意味での「方法」と呼べるのはデカルトの「分析」理論であろうが、彼の「観念」理論も、特に形而上学的な議論（『省察』第三省察で行われる神の存在証明など）を遂行していく上では重要な役割を果たしている[6]。よってデカルトの「方法」なるものを十全に捉えようとするならば、この「観念」理論についての考察なしに済ますことはできない。

したがって本書ではまず第Ⅰ部において、それらの「観念」理論と「分析」理論に関して、その内実がどのようなものであるかを、デカルトのテキストに従いつつ明らかにしていく。そして第Ⅰ部でその特徴が明らかになった二つの理論について、第Ⅱ部ではそれらの理論が内在的に有しているいくつかの問題を検討する。デカルトの意図は尊重しつつも、特に彼の「観念」という用語と、「分析」という方法が、実際にはどのように使用され、運用されているのかを明らかにすることによって、彼の「方法」の論理構造の豊かさ・複雑さを示すことになるだろう。それらの検証によって、デカルトの用いた「方法」の意義や、彼が実際のところ構築した諸学問の関係性といったものが、多少なりとも明らかになれば、本書の目的は達せられることになろう。

以下では各部各章の内容を簡潔に概観しておこう。

第Ⅰ部第一章

第Ⅰ部前半の第一章と第二章では、デカルトの第一哲学の基本的性格を明らかにする手掛かりの一つとして、彼の認識論において重要な役割を果たしている「観念」なるものを調べていく。まず第Ⅰ部第一章では、デカルトの最初期の著作である『精神指導の規則』から、『方法序説および三試論』に至るまでの作品において、「観念」というものがどのような文脈でどのようなものとして使用されているかを考察する。特に自然学の文脈において、この言葉がどのように用いられているのかを検討することになる。

第Ⅰ部第二章

第Ⅰ部第二章では前章での自然学の文脈における「観念」用法を踏まえた上で、『省察』における「観念」について、特に形而上学・第一哲学の文脈において観念がどのようなものとして捉えられているのかを確認していく。それには無論『省察』本文の考察が重要となるが、観念について詳細に論述されるのは第三省察の神の存在証明の文脈においてであり、これは他の問題とも絡めてかなりまとまった論考を必要とする。したがって第三省察における観念についての考察は本書第Ⅱ部第二章において行うことになる。よってこの章ではその考究のための準備として、『省察』本文以外の箇所で、「観念」なるものの特徴や性質について、デカルトや彼の同時代の人々が論述していることを考察していく。
これらの第I部第一章と第二章の議論を踏まえたうえで、のちの第II部第二章においては、デカルトの自然学と形而上学との関係を、特に自然学から形而上学へという影響関係を、この「観念」という用語を手掛かりにして探っていくことになる。

第I部第三章

第I部の後半部である第三章および第四章では、デカルトの方法論において重要な役割を果たす他のいくつかの概念について考察する。そこでまずこの第I部第三章では、彼の方法論を「分析」という言葉で捉え直し、その特徴を洗い出すという作業を行う。
この考察の作業の結果明らかになるのは次のことである。まずデカルトは『省察』において「私の把握に関する順序・秩序」に従っているということ。さらにその順序に従いつつ「確実かつ不可疑」という「基準」を有する独自の「分析」によって、彼が必要とする第一原理を発見するということである。

第I部第四章

この章では前章でその特徴があらわになったデカルトの「分析」という方法論の独自性をさらに明らかにするために、前章で指摘することになる「分析」という方法の二つの特徴の内、特に「確実かつ不可疑」という基準について考察を進める。その際に注目するのは、デカルト哲学においてこの「確実かつ不可疑」という語句とほとんど同義のものとして解釈されている「明晰かつ判明」という用語である。両者を詳細に検討しその相違点を探ることによって、デカルトの方法の独特な点がより明らかになるであろう。それと同時にその独自性からある問題も生じることになるのだが、そのことに関しては「デカルトの循環」という問題設定の下に第Ⅱ部第一章であらためて論じることになる。

第Ⅱ部第一章

本書第Ⅱ部においては、第Ⅰ部で詳細に論じ確認してきたデカルトの「観念」理論と「分析」理論を踏まえつつ、それらに対して批判的な検討を加えていく。第Ⅱ部での基本的な問題は、これらの「観念」理論と「分析」理論によって構築されるデカルトの学問体系が、デカルトが望んだような十全性を有しているかどうか、というものである。この問題に取り組むにあたって、まずこの第Ⅱ部第一章では、第Ⅰ部第三章と第四章で論じてきた「分析」理論に関して、特に第Ⅰ部第四章で検討する「確実かつ不可疑」という分析の基準にまつわる「デカルトの循環」という問題について論じていく。

第Ⅱ部第二章

すでに指摘したが、デカルトの哲学においてはまず形而上学が確固不動たるものとしてあり、自然学はそこから導出されるものとして位置付けられている。本書第Ⅰ部第三章において確認するように、デカルトは彼の主著である『省察』において、その形而上学を「方法的懐疑」をはじめとする「分析」という方法に則って叙述している。そして彼の自然学については、第六省察やのちの『哲学原理』第Ⅱ部以降で展開されることになる。しかしこの形而上学から自然学へという流れが『省察』や『哲学原理』において明瞭に現れるに先立って、本書第Ⅰ部第一章で確認するように、彼は自然学に関わる考察を数多く行っている。私見ではそのような自然学に関わる考察は彼の意図とは逆に、『省察』の形而上学的論証構造そのものに少なからぬ影響を与えている。本章では自然学から形而上学へというこの逆の影響関係の有無を、デカルトの自然学と形而上学の両者の論証において重要な役割を果たしている「観念」という用語を手掛かりに考察する。特に本書第Ⅰ部第一章で調査するような自然学において現れる「観念」用法を重視しそれを念頭に置いた上で、形而上学的な議論が展開されている第三省察の神の存在証明周辺において、「観念」という用語とそれを含む論証構造そのものの背景に自然学的な論理が見え隠れしないかどうかを考察する。

第Ⅱ部第三章

本書最後の章となるこの章では、第Ⅰ部第三章と第四章で触れたデカルトの方法的懐疑についてあらためて詳細に論じる。特にここで論じるのは、デカルトがコギトという最初の土台を求めるために実行した第一・第二省察における方法的懐疑のステップの妥当性である。さらにこの章ではデカルトの方法的懐疑の全体的な構造を明らかにするために、現代の認識論・知識論におけるある議論を利用しつつ論じたい。つまりこの章では方法的懐疑を考察する手掛かりとして、現代哲学において重要な文献でありながらこれまであまり直接的に言及されてこなかったウィルフリッド・セラーズの「経験主義と心の哲学」（一九五六年）を取り上げる。この論文で明確に示される知識に関する「理由や正当化の論理空間」というセラーズの見解を用いつつ、デカルトの方法的懐疑が有している論理空間をその問題点も含めて明瞭に浮かび上がらせることをこの章では目論む。

なお本書では、デカルトの著作からの引用はすべてアダン・タヌリ版『デカルト全集』（*Œuvres de Descartes*, publiées par Charles Adam et Paul Tannery, Paris, Librairie Philosophique J. Vrin, 11 vols., 1996）に依拠している。ローマ数字は

巻号を、アラビア数字は頁数を表す。たとえば「AT, VII, 35」は、アダン・タヌリ版デカルト全集第七巻三五頁を表す。また引用部分の翻訳に関しては、各種日本語訳（『デカルト著作集』（全四巻、白水社）、『世界の名著　二七　デカルト』（中央公論新社）など）を参照した。

さらに引用箇所での［　］は、著者による補足を示し、引用箇所での原語のイタリック体は、訳文ではすべて傍点で表した。ただし、言明・命題を表しているイタリック体の箇所は訳文では「　」で示した。

［注］

（1）この『精神指導の規則』第四規則については、本書第Ⅰ部第一章第一節においても言及する。

（2）この引用箇所の他に「方法」なるものを定義している箇所としては、『省察』第二答弁にある、「分析」と「総合」という「方法」についての記述を挙げることができる。これについては本書第Ⅰ部第三章において論じる。

（3）これら四つの規則とは次のものである。

・第一は、私が明証的に真であると認識したのではないものは、どんなものでも決して真として受け入れないこと。言い換えれば注意深く性急さと偏見とを避けること。そして私がそれを疑ういかなる機会も有しないほど明晰かつ判明に私の精神に現れるもの以外の何ものをも、私の判断のうちに含めないこと。（AT, VI, 18）

・第二に、私が吟味する難解な問題の各々を、できるだけ多くのかつその問題をよりよく解決するために必要とされるだけの数の部分に分割すること。（同上）

・第三は、私の思惟を順序に従って導いていくこと。つまり最も単純で最も容易に認識できる対象から始めて、少しずつより複雑なものの認識に至るまで段階的に昇っていくこと。（同上）

・最後に、到るところで一つ残らず数え上げ、何も忘れたものがないと確信するほどまで満遍なく見渡すこと。（AT, VI, 19）

（4）デカルトは『省察』（一六四一年）の出版に先立ち、あらかじめ当時の代表的な哲学者や神学者に原稿を送って論駁を仰ぎ、それに対する答弁を書いて出版することを計画した。その論駁は六部からなり、それらの著者は、アルクマールのカトリック司教カテルス（第一反論）、メルセンヌのグループの神学者と哲学者（第二反論）、当時パリにいたイギリスのホッブズ（第三反論）、のちのポール・ロワイヤルの指導者アントワーヌ・アルノー（第四反論）、エピクロスの原子論的哲学を復興したガッサンディ（第五反論）、およびメルセンヌのグループの神学者と哲学者や数学者（第六反論）、である。翌年一六四二年には、『省察』第二版（イエズス会士ブルダンの反論とそれに対するデカルトの答弁［第七反論・答弁］が付加）がオランダのアムステルダムで出版されている。

（5）これまでの解釈者たちがどのようにデカルト哲学を解していたのかは、本書の議論を進めていく中で徐々に明らかになるだろう。特に第Ⅰ部第四章、および第Ⅱ部において具体的に論じることになる。

（6）その詳細は本書第Ⅰ部第二章および第Ⅱ部第二章において論じられる。

第I部　デカルト哲学の基本的性格

――「観念」と「分析」――

第一章　自然学の文脈における「観念」

序

本書第Ⅰ部第一章と第二章では、デカルトの第一哲学の基本的性格を明らかにする手掛かりの一つとして、彼の認識論において重要な役割を果たしている「観念（idea）」なるものについて考察する。この「観念・イデア」という用語は、一七世紀の哲学においては欠かすことのできないものである。この用語そのものは、一七世紀になって突然現れたものではなく、古代ギリシャ哲学や中世キリスト教哲学において、ある特殊な意味を有するものであった。つまり古代ギリシャのプラトンの思想においては、「イデア」とは現実世界に存在する個別的なものの範型・原型として捉えられていたし、中世のキリスト教哲学においては、「イデア」とは個々のものの原型として神の知性の内に存在する、と捉えられていた。その「観念・イデア」という用語は、デカルトおよびその同時代人たちにおいては、このような古代哲学や中世哲学において使用されていた時の意味内容をも引き受けつつ、しかしこれらとは異なる意味内容を新たに有することになった。

簡潔に言えばここでの「観念・イデア」とは、われわれ人間の心・精神・意識の内において現れる様々なもの・ことを意味している。つまり広い意味では、われわれの心が認識し捉えるもの・内容が「観念」と呼ばれる。したがってこの時代においてこの「観念」なるものは、われわれは何をどのような仕方で認識するのか、ということを論じる認識論において中核を成すものである。そして学知というものが、われわれが認識し捉えるものごとから構築されていくものだとすれば、まずはこの認識論が確固たるものとして整っていなければならないだろう。したがってデカルトにとっても、この「観念・イデア」を含む認識理論を十全な形で作り上げることが、新たな学問体系を構築していく上での必須の作業となる。

しかしこの新しい「観念」という用語は、一七世紀以降すぐさま確固たる一貫した意味を有するようになったわけではない[1]。デカルトの同時代の哲学者たち（たとえばホッブズやガッサンディ）やそのすぐあとに活躍した哲学者たち（スピノザ、ライプニッツ、ロック、バークリ、ヒュームなど）も、「観念・イデア」という概念をそれぞれの哲学体系において重要なものとして扱っており、その意味内容は互いに重なり合いつつも異なっている。そしてこの用語を流布させるのに大きな役割を果たしたデカルトにおいても、その意味内容は必ずしも一定したものではないことは周知の通りである。すなわち彼の思索の道程において意味付けが変遷していった最たるものがこの「観念」という言葉であり、この用語を吟味することは彼の思索の核心を吟味することに繋がるであろう。

こういったことを踏まえた上で、まず本章では、デカルトの最初期の著作である『精神指導の規則』から、『方法序説および三試論』に至るまでの作品において、「観念」というものがどのような文脈でどのようなものとして使用されているかを考察する。特に自然学の文脈において、この言葉がどのように用いられているのかを検討することになる（形而上学の文脈における観念については次章で、両者の関係については第Ⅱ部第二章で論じる）。この作業は、「観念」という用語の意味内容が一定のものになったと考えられる『省察』以降の著作において、それがどのようなものとして捉えられているのかを考察するための準備となるだろう。

第一節　『精神指導の規則』

　ここでは一六二八―九年頃に執筆されたと言われている『精神指導の規則（*Regulae ad directionem ingenii*）』[2]において、「観念」という言葉がどのように使用されているのかを見ていく。この著作の中で初めて「観念」という用語が使用されるのは第四規則である（この第四規則については本書の「はじめに」でも言及した）。第四規則は、「事物の真理を探究するためには方法が必要である」（AT, X, 371）というものである。ここでの「方法（methodus）」についてデカルトは次のように言っている。

　方法ということでもって私は次のような確実で容易な諸々の規則のことと理解する。つまりそれらの規則を正確に固持した人は誰でも、決して偽なるものを真なるものと取り違えることはなく、また精神の努力を決して無益に浪費することなく、常に段々と知識を増大させながら、許容可能なすべてのものの真なる認識に至るであろうような規則である。（AT, X, 371-2）

さらにデカルトは、ここで明示しようとする方法について、ある前例を示している。それは古代の幾何学者たちが用いた「解析（Analysis）」という方法である。[3] この箇所では以下、数学的諸学問（mathematicae disciplinae）についてのデカルトの見解が長々と述べられているが、その文章中で、この著作の中では初めて「観念」という語句が用いられている。それは次のような叙述である。

　彼ら［古代の幾何学者たち］は哲学と数学についての真なる観念もまた認識していた。たとえそれらの学問それ自体が未だ完全には知的に把握されることができなかったとしても。（AT, X, 376）

ここでの「観念」は何を意味しているのだろうか。この第四規則ではここにしか「観念」という言葉は出てこないし、他に手掛かりとなるような記述はなく、判断材料は少ない。しかし論理的に考えて、哲学や数学についての感覚像といったものではなさそうである。[4] 哲学や数学に関する「理念」や「概念」、あるいはプラトン的な意味でのイデアに近い意味で用いられていると考えられる。

また、第一二規則でも観念に関する興味深い記述がある。第一二規則ではそれ以前の叙述のまとめ的なことが論述されている。基本的に事物の認識に関する記述であり、デカルトはまずそれに関して二つのもの、つまり認識するわれわれ（nos qui cognoscimus）と認識されるべき事物そのもの（res ipsae cognoscenda）を指摘する。さらに認識能力としてわれわれが有しているのは次の四つ、つまり、「知性（intellectus）」、「想像力（imaginatio）」、「感覚（sensus）」、「記憶（memoria）」である。さらにデカルトは外部諸感覚については、次のように述べている。

あらゆる外部感覚（sensus omnes externi）は、それらが身体の部分である限りでは、たとえそれらを能動によって、つまり場所的な運動によって、われわれが対象へと向けるとしても、しかし元来受動によってのみ感覚するのであり、それはロウが印章（sigillum）から形を受け取るのと同じ仕方によってである。（AT, X, 412）

この外部感覚に関する説明は非常に即物的ではあるが、デカルトはこれを単なる比喩として叙述しているわけではない。というのもこのあとに続けて、「印章によってロウの表面にある形が変えられるのとまったく同じ仕方でもって、感覚する身体の外形が対象によって実在的に変えられると考えるべきである」（同上）とデカルトは述べているからである。これは五感すべてに共通する事象である。この諸感覚に刻印される「形」であるが、これが観念と同じ意味で使用されている可能性がある。たとえば次の記述がそうだろう。

共通感覚はまた、外部感覚と交わらずそして身体なしに到来する形とか観念などが、ちょうどロウにおいてのように、想像もしくは想像力において（in phantasia vel imaginatione）形成されるために、印章の代わりのようなはたらきをする。（AT, X, 414）

ここでは形や観念といったものが想像もしくは想像力の中に形成されるということが明言されている。そうなると注目すべきはこの想像や想像力の内実である。[5] この点に関してデカルトは次のように述べている。

この想像は身体の真なる一部分であり、そしてその様々な部分は相互に区分された多くの形を取り容れることができ、それとともに、それらの形をより長い間保つのを慣わしとするだけの大きさを持っている。（同上）

したがって、想像が身体の一部だとすると、そこにおいて形成される観念もまた身体・物体的なものとして捉えられる可能性が出てくる。

ここまで検討してきたことで明らかなように、『精神指導の規則』において「観念」は、一方では概念や理念、あるいはプラトン的な意味でのイデアに近いものとして捉えられている。他方でそれは感覚像として、しかもこの場合、観念は物体的事物として存在するものと捉えられている。このような「観念」が最終的にデカルトの哲学においてどのような意味内容を有することになるのか、考察をさらに進めてみよう。

第二節　『世界論』

本節では、いわゆるガリレオ裁判（一六三三年）の影響を受けてデカルトの生前には出版が断念された『世界論――光についての論考（*Le Monde ou Traité de la Lumière*）』[6] における記述を参照してゆく。この書は彼の自然哲学を叙述したものであり、彼の生前には公刊されなかったが、その内容については『方法序説および三試論』や『哲学原理』（一六四四年）に形を変えて引き継がれている。

さて以下ではこの書に現れている「観念」がどのような文脈において使用されているかを、引用を交えつつ確認していこう。まずは『世界論』第一章に次のような記述がある。

［読者に注意してもらいたいのは、］われわれが光について持っている感覚像、すなわち眼を介してわれわれの想像［想像力］において形成される光についての観念と、この感覚像をわれわれの内に作り出す対象自体の内にあるところのもの、すなわち焔や太陽の内にあって光という名で呼ばれているものとの間には、差異がありうる、ということなのである。（AT, XI, 3）

デカルトはこの章で、「われわれが思惟の内に有している観念（l'idée que nous avons en notre pensée）」と「その観念がそこから生じる対象（l'objet dont les idées procedent）」が類似しているという通念に疑念を呈し（同上）、その通念が誤りであることを示そうとしている。上記の引用文はそのような議論の冒頭に置かれている文章である。

ここでの「観念」という用語は、「感覚・感覚像（sentiment）」の言い換えとして現れている。しかもそこでは「われわれの想像［想像力］において形成される観念（l'idée qui s'en forme en notre imagination）」というただし書きまで記されている。前節で考察した「想像あるいは想像力（phantasia vel imaginatio）」は、身体の一部とされていた。しかしこの『世界論』第一章においては、観念が形作られるのは「われわれの思惟において（en notre pensée）」である、という表現が多用されている。(7) したがってここでの想像とは、身体の一部というよりむしろ思惟のはたらきの一つとして捉えねばならないものだろう。こうしてデカルトが観念をさしあたって感覚・感覚像と捉えていることが確認される。上記の引用文では彼は眼を介した光の観念について述べているが、同じ章では他にも音の観念などについて言及している。したがってデカルトが「観念」という言葉によってここでは少なくとも感覚・感覚像を意味するようにしていたことは間違いないだろう[8]。

またここでは、観念が「われわれの想像［想像力］において形成される」ということと、それら観念（あるいは感覚）をわれわれの内に生み出すのが「対象（objet）」であることに注目しなければならない。まず前者（観念）に関しては、上述の引用箇所の直ぐあとで「われわれの思惟の内にわれわれが有しているところの諸観念」という叙述が見受けられる。観念はあくまでわれわれの「想像［想像力］（imagination）」あるいは「思惟（pensée）」の内に存在するものである。そして後者（対象）については、引用文中にもその具体例として焔や太陽が挙げられている。さらに引用箇所の直ぐあとでは「観念がそこから生じるところの対象」という表現がある。以上の二点から推察されることは、デカルトは観念なるものを、われわれの外に存在する対象を原因として、われわれの内に生じ存在するものとして考えていた、ということである。無論、のちの『省察』などで展開される彼の形而上学、特に彼の心身二元論からすれば、われわれの外にある「対象（物体（corpus））」とわれわれの「精神（mens）（あるいは思惟（cogitatio））」との間には、厳格な意味での因果関係があるわけではない。しかし少なくとも彼が観念と対象が類似するものではなくとも何らかの対応関係にあると考えていたのは確かである。

このことは先に引用した箇所（AT, XI, 3）の少しあとで、光の観念とそれを生み出す対象との関係を、「ことば（parole）」の場合になぞらえて説明している箇所においても確認できる。つまり、ある「ことば（たとえば「太陽」[9]という音の連なり）」とそれが意味している「もの（たとえば「太陽」という物体）」との間にはいかなる類似もないが、それでもそのことばはあるものを意味し示している。換言すればそのことばはあるものの記号となっている。それと同様にして、デカルトは次のように言う。

> 自然もまたある記号（signe）を設けていて、この記号そのものはわれわれが光について持っているこの感覚と類似しているものを何一つ持っていなくても、光の感覚をわれわれに持たせるということはどうしてありえないだろうか？（AT, XI, 4）

つまりここでは対象、厳密に言えば物体のある種の運動が、ある感覚つまり観念の記号となっている、ということである。すなわち対象と観念とが記号的関係で捉えられており、原因・結果という強い直接的な結びつきというよりはむしろ対応関係として、両者の関係が捉えられていると考えられる。

これまで考察してきたことで明らかなように、この『世界論』の段階での観念は、まずわれわれの認識を説明する枠組みにおけるものとして、すなわち「対象」・「観念」・「思惟（あるいは精神）」という三つ組みにおける一項として機能している。つまりわれわれの外にある対象（物体）が実在し、そして観念なるものはその対象が原因となって、われわれの思惟（あるいは精神）の内に生じるものである、という構図においてこそ、観念という言葉はその意味を持ちうるものとなる。そしてこれらの「対象」・「観念」・「思惟（あるいは精神）」という三項を結びつけるのが、記号的関係とも呼べる対応関係であることが明らかになった。以上のような観念およびそれに関係する諸概念から織り成される構図は、デカルトの自然哲学において一貫して見て取ることができる[10]。

ところで観念をめぐるこのような構図を示すことで、デカルトは何を強調しようとしたのだろうか。そもそも先述した『世界論』第一章冒頭部においては、われわれの感覚（あるいは感覚像）とそれを生み出す対象との間に差異がありうることが指摘されていた。そのあとの叙述においてデカルトはいくつかの例を挙げつつ論じていくのだが、第一章の末尾においては次のように言っている。

しかしながら私は、対象の内に在るこの光がわれわれの眼の中に在る光とは異なる、ということをあなた方に絶対的に信じ込ませるためにこれらの例を持ち出したのではなく、ただあなた方が光について疑問を起こすように、そしてまたあなた方が反対の意見に気を取られるのを防いで、あなた方がこれから私と共に事態の真相をよりよく検討しうるようにするためであった。（AT, XI, 6［傍点引用者］）

ここでデカルト自身述べているように、彼の意図はわれわれの感覚像とそれを生み出す原因である対象とが異なることを完全に証明することにあるのではない。しかしながら少なくとも、それらが類似しているという通念に疑問を投げかけることを読者に要求している。つまりこの『世界論』においては「観念」というものを導入することによって、なぜ感覚が時々欺くのか（われわれの思惟の内に在る観念とそれを生み出す対象がなぜ異なるのか）を説明しようとしている。したがって『世界論』においては「観念」という用語を使用することに関しては何の疑義も挿し挟まれてはいない。つまり、「対象」・「観念」・「思惟（あるいは精神）」という三つ組みは確固たるものとして前提されている。というのも、ここでこの観念とそれを含むわれわれの認識図式を疑問視することになれば、対象と観念とが類似していない、ということを示すことが困難になるからであろう。

以上『世界論』における「観念」という用語の使われ方はこれまで述べたことで尽きているように思える。『世界論』第二章以下では、われわれの思惟の内に観念を生み出すことになる対象についての論述に話題が移っている。したがって『世界論』第一章以外の箇所で観念が主題となっている所はわずかである（特に第二章末尾など）。しかもそれらの箇所では対象である「物体の微粒子（petite partie）」の運動がわれわれの思惟の内に観念（あるいは感覚［感覚像］）を引き起こし生じさせる、という記述がほとんどである。

第三節　『人間論』

本節ではさらに、『世界論』の一部分として構想された『人間論（*Traité de L'Homme*）』（これもデカルトの生前には未刊行）における「観念」という言葉の用法について考察する。[11]この書では主に人間の身体について論じられているのだが、枠組みとしては『世界論』第六章以下の「寓話」を引きずっている。[12]そして基本的に人間の身体を「機械（machine）」として捉えている。この書物の中にも「観念」という言葉が特徴的に使われている箇所があるので、その記述を見ておこう。たとえば聴覚器官を説明する箇所でデカルトは次のように言う。

すなわちそれらの細糸は、すべて一緒に同じ仕方でもって容易に動かされうるのであり、それは外部の空気がこの耳の空室の入り口に張られてある非常に薄い膜を押すところの小振動によるのである。しかもそれらの細糸は、この膜の下にある空気によって以外はどんな他の物体によっても触れられないようになっている。というのもこれらの小振動こそが、それらの神経を介して脳にまで達し、精神に音の観念を抱かせる機会を与える（donner occasion à l'âme de concevoir l'idée des sons）のである。（AT, XI, 149）

ここでは外部の空気の振動が感覚器官を振動させ、その振動が音の観念を生み出すきっかけになるとされている。[13]つまり音の観念と、それを生み出すもの（この場合は振動）は異なるものである。つまり外的物体の感官への作用が、精神に観念を抱かせる機会（occasion）を与えるものとして捉えられている。他にもこの書物でデカルトが観念について言及している箇所はいくつかあるが、観念がどのように形成されるかについて詳細に述べている箇所を挙げてみよう。

> ところでこれらの形象（figure）のなかで、観念として、すなわち理性的な精神がこの機械［人間の身体］に結び付けられて何らかの対象を想像したり感覚したりする場合に、直接的に注視する形あるいは像（forme ou image）として捉えられなければならないものは、［中略］想像力と共通感覚[14]の座であるところの腺H［松果腺］の表面の精気のうちに描かれる形象である。（AT, XI, 176-7）

さらにこの引用箇所に続いて次のような叙述も見受けられる。

> ところで私が「想像したり、感覚したりする」と言っているのに気付いてもらいたい。私は一般的に「観念」の名でもって、精気が腺H［松果腺］から出る時に受け取ることのできる刻印（impression）のすべてと解したいからである。（AT, XI, 177）

これらの箇所は、われわれ人間が想像したり感覚したりする際の身体機構を説明する文脈中にある。一番目の引用箇所に見られる観念は、一見したところ『世界論』第一章の引用箇所での観念と同じ意味のように思われる。しかしながら、この直前においては「形象（figure）」について述べられており、ここでの形象とは、「単に何らかの仕方で対象の線と表面の位置を表すだけでなく、精神に運動、大きさ、距離、色、音、匂いなどの諸々の性質を感覚させる機会を与えるもの、さらには同様にしてくすぐったさ、痛み、飢え、渇き、喜び、悲しみ、その他の情念を感じさせる機会を与えるもののすべて」（AT, XI, 176）を意味している。そしてここでの観念とは、引用文で述べられているようにこの形象の一部に当たるものである。さらに「想像力と共通感覚の座であるところの腺Hの表面の精気のうちに描かれる形象」と記されているので、ここでの観念は精神の内に在るものではなく、われわれの身体・物体において存在するものである。(15)このことは、続く二番目の引用箇所が観念の身体的・生理学的側面を強く証示する記述となっていることからも明瞭であろう。(16)

したがってこれまで検討してきた『世界論』や『人間論』の叙述を見る限り、この段階でのデカルトの観念は、精神の側へとその存在を移行しつつも、未だ身体的・生理学的特徴をも有していたことが明らかになった。このような混在は『精神指導の規則』においても見られたものであるが、のちの『省察』においては、観念は完全に精神の内に存在するものとされており、その点では興味深いものである。

さて『世界論』および『人間論』での観念の用法は上記のようなものであった。以下ではさらに「観念」という用語が自然哲学の叙述においてどのような意味を持っているのかを再確認するために、デカルトの「屈折光学」を参照したい。しかしながらその前に、「屈折光学」の前提となっている『方法序説』において、「観念」という言葉がどのように用いられているのかを簡潔に検討しておく。

第四節　『方法序説』

『方法序説』において「観念」という言葉が頻繁に現れるようになるのは第Ⅳ部においてである。(17)周知の通り、デカルトはこの第Ⅳ部で彼の思索の土台となる彼独自の形而上学を簡潔な仕方ではあるが開陳することになる。そしてその土台に辿り着くために、のちの『省察』同様「ほんのわずかでもそこに疑いを思い描くことができるものはすべて、絶対的に偽なるものであるとして拒絶し、そしてそののちに私の信念の中に何かまったく疑いえないことが残らないかどうか見る」(AT, VI, 31)という、いわゆる方法的懐疑という手段をとることになる。ここでは、感覚が欺くということ、幾何学において誤謬推理が生じうること、そしてわれわれが覚醒時に抱く「考え・思惟（pensée）」は夢幻（つまり真でない）かもしれない、という三つの懐疑理由を挙げている。最後の懐疑理由に現れる「考え・思惟」はこの第Ⅳ部においてはほとんど観念と同じ意味内容を持つものとして扱われているように思われるが、それについてはあとで詳述する。

これらの懐疑理由を列挙したあと、デカルトは次のように早々と結論付ける。

「私は思惟する、ゆえに私はある（*je pense, donc je suis*）」というこの真理は、懐疑論者たちのどんなに突飛な想定をもってしても揺り動かしえないほど、堅固で確実なものであるということを私は認めたので、私はためらいもなく、この真理を私が求めていた哲学の第一原理として受け入れることができる、と判断した。（AT, VI, 32）

デカルトはこう判断したあと、そこから導かれるものとして、「私」が一つの実体であり、その属性が「考える（penser）」ことであることを認める。またさらに探求を進めていくための一般的規則として、「われわれが極めて明晰かつ判明に認識するところのものはすべて真である」（AT, VI, 33）というものを採用する。[18]

さてこうしたことを議論したあと、デカルトは疑っているということが不完全さの証の一つであることに気付き、「私」より完全な何ものか（つまり神）について思いをめぐらすことになる。つまり『方法序説』版「神の存在証明」へと議論が移るわけである。そしてこの議論中に「観念」という用語が頻繁に現れてくる。そしてこの箇所で現れる「観念」という言葉については、特には説明がなされていない。よってこの第Ⅳ部での「観念」という語句がいかなるものかを解明するために、「観念」という言葉が使用されている文脈をいくつか考察してみよう。

まず「観念」という用語が最初に登場する箇所である。そこでデカルトは「私の外（hors de moi）にある多くの他のもの［中略］について私が持っている思惟に関して言えば、それらがどこから来たのかを知るのにそう苦労はしなかった」（AT, VI, 34）とまず述べる。つまり彼によれば、それらの思惟に関しては、それらが真の場合は、それらは何らかの完全性を有する「私」の本性に依存し、偽の場合は、それらは無に、つまり「私」の不完全さ・欠陥に起因するのである。ここでの「思惟」という言葉はほとんど「観念」という用語と同意義であると思われる。[19]というのもデカルトは続く箇所で（つまり「観念」という言葉が第Ⅳ部で初めて現れる箇所で）、「しかしながら、私の存在よりも完全な存在の観念については、同じようにはいかなかった」（同上）と述べているからである。先の引用箇所の「思惟」のところに「観念」という言葉を当てはめても、逆にこの引用箇所の「観念」のところに「思惟」という語句を挿入しても、意味はほとんど変化しないと考えられる。デカルトはこの「私の存在よりも完全な存在の観念」が「私」自身から取り出すことができないということを指摘し、その観念は最も完全なる存在者、すなわち神に依存すると結論付ける。[20]つまりそのような論拠でもって神の存在を証明するのである。

以上確認した文脈における「観念」という用語は、本章第二節や第三節で見たような自然学的な文脈で用いられていた「観念」とはやや趣を異にしている。当然ながらこの箇所ではまだ「私は思惟する、ゆえに私はある」という真理しか確実ではなく、いわゆる「私の外」に存在するとされたものについてはその存在は懐疑に付されており、自然学的文脈で確認したような「対象」・「観念」・「精神（あるいは思惟）」という三つ組みは一見成立していないように思われる。ただし先の引用箇所にも「私の外にある多くの他のもの［中略］について私が持っている思惟」という表現が見受けられるし、このすぐあとにも「私が私の内に（en moi）その観念を見出すところのあらゆるもの」（AT, VI, 35）といった表現や、「それらのもの［感覚的かつ物体的な多くのもの］の観念が私の思惟の内に（en ma pensée）真に存在する」（同上）といった表現が見られる。これらの「私の外」・「私の内」・「私の思惟の内」といった語句は、やはりその背後に認識の三つ組み関係を負っていなければ意味を成さないものである。つまりこの三つ組み関係を保持しているからこそ、対象と観念とを分離して、「感覚が欺く」ということが言えるし、対象は存在しないが観念は「私」の内に存在すると主張できるのである。

さて『方法序説』第Ⅳ部における「観念」については以上である。次に第Ⅴ部における「観念」について考察する。第Ⅴ部では主に物体的諸事物の本性（la nature des choses matérielles）について詳細に語られており、中盤から後半にかけては人間の身体について論述されている。このなかで「観念」という言葉が使用されている箇所がいくつかある。それが最も多く用いられているのは、デカルトが以前発表しようと考えていた論文（おそらく『世界論』のことを指す）で説明しようとした事柄について述べられている箇所である。

> 光や音や香りや味や熱や、外的対象のその他のあらゆる性質が、どのようにして、感覚器官を通じて脳の中に様々な観念を刻み付けることができるのか。どのようにして、飢えや渇きやその他の内的情念もまた、それらの観念を脳の中に送り込むことができるのか。脳の中でこれらの観念が受け取られる場所である共通感覚（sens commun）は、どういうものと捉えられるべきか。そのような観念を保存するところの記憶（mémoire）はどういうものと捉えられるべきか。さらに観念を様々に変えたり新たな観念を組み立てたりすることのできる想像（fantaisie）はどのようなものと捉えられるべきか。（AT, VI, 55）

ここでの観念は、第Ⅳ部での観念と比べると、物質的な性格が強く現れているように思われる。つまり上記の引用文によれば、観念は脳の中に刻み付けられるものであるし、観念を受け取る場所として、脳の中の「共通感覚」なるものが想定されている。このような記述は、第Ⅳ部で観念が「私」の内にある、あるいは

「私」の思惟の内にある、と述べられていることと、どう整合的であるのだろうか。

第Ⅴ部において、第Ⅳ部の「観念」や「思惟」と意味内容が重なるのは、むしろ「概念（notion）」という用語であろう。(21) たとえば第Ⅳ部において、明晰判明性の規則が確実であるのは、神が存在しているからである、と論証する箇所がある。そこでは次のように記されている。

われわれの観念あるいは概念（nos idées ou notions）は、それらの明晰かつ判明な部分のすべてにおいて、何らかの実在的なものであり、かつ神に由来しているからこそ、その点で真ならざるをえないのである。（AT, VI, 38）

つまりここでは、「観念」と「概念」という用語は並列的に用いられている。そして第Ⅴ部冒頭付近には次のような記述がある。

これらの法則は、神が自然の中にしっかりと打ち立てたものであり、そしてそれらの概念をわれわれの精神の中に刻印したものであって、それについて充分反省したあとでは、それら法則が、世界において存在し生じるすべてのものにおいて厳格に保持されていることをわれわれは疑うことはできないのである。（AT, VI, 41）

ここでの「法則（loi）」とは、未刊行であった『世界論』の中でも論述され、のちの『哲学原理』においてより一層整った形で提示される、いわゆる自然法則のことであろう（具体的には今日の「運動量保存則」や「慣性の法則」の原型に当たるもの）。それらが単に神によって自然の内に定められているだけでなく、その概念がわれわれの精神の内にも刻み付けられているとされる。これは典型的な生得観念説を表現しているものであると言えるだろう。この場合上記の引用文にあるように、概念は精神の中に存在するものである。この点は第Ⅳ部の観念や思惟と変わりがない。

　このように第Ⅳ部や第Ⅴ部の冒頭では、「観念」「思惟」「概念」といった用語は精神の内に存在するものとして想定されているのは確かである。ではなぜ、精神の内に存在するとされた観念が、先述の第Ⅴ部後半部分の引用箇所では、物体の内に存在するかのように述べられているのだろうか。第Ⅳ部においては、「私」が一つの実体であり、かつその本性が考えることであることが論証されている。それと同時に、「この私、つまりそれでもって私がまさにこの私であるところの精神は、物体（身体）からはまったく分かたれている」（AT, VI, 33）とされている。この事態は第Ⅴ部においても同じである。デカルトは第Ⅴ部中盤あたりで人間の身体について考察しつつ、次のように述べている。

> 私はそこに［人間の身体の中に］、われわれの内にありうる、われわれがそれらについて考えない［意識しない］あらゆる機能を正確に見出したからである。それらの機能というのは、われわれの精神（notre âme）――すなわち身体とは区別されていて、先に述べたように、考えることのみが本性であるところのわれわれの部分――が、何の寄与もしていない機能のことである。（AT, VI, 46）

このように第Ⅳ部においても第Ⅴ部においても、精神と身体（物体）は実体という観点で明確に分かたれている。しかしながら、第Ⅳ部での観念は精神の内に存在するものとされ、第Ⅴ部の観念は物体である脳の内に存在するものとされている。この第Ⅴ部は先に指摘したように未刊行であった『世界論』および『人間論』の内容に多くを負っているので、このような不整合が見受けられるのかもしれない。

　のちの『省察』では上記のような不整合は見出されないことから（その詳細については本書第Ⅰ部第二章およ

び第Ⅱ部第二章において確認する)、『方法序説』の段階ではまだ、「観念」という用語の使用については揺れがあったことが推察される。『省察』では、『世界論』や『方法序説』で見受けられたような物体的なものとしての観念が排除されていると思われる。このような『方法序説』と『省察』との「観念」用法のずれを明らかにするために、次章では『省察』における「観念」について考察を進めていく。ただその前に、自然学の文脈における観念用法のもう一つの例として、「屈折光学」を次節で参照しておく。

第五節　「屈折光学」

本章第二節や第三節では、『世界論』および『人間論』という著作において、「観念」という用語がどのような文脈で使用されているかを見てきた。同じくデカルトの自然学の一部が展開されている「屈折光学」(『方法序説および三試論』の中の試論の一つ)についても、この論考で「観念」という言葉が現れる箇所を具体的にいくつか見ていこう。

まずは「屈折光学」第一講である。第一講の題名は「光について(De la lumière)」であり、『世界論』の副題が「光についての論考」であったことを想起させるものとなっている。ここでは次のような記述がある。

> したがってわれわれに色や光が見えるためには、何らかの物質的なものがそれらの対象からわれわれの眼まで移ってくると想定する必要はないし、同じくこれらの対象の中にはそれについてわれわれが持っている観念や感覚と類似するものが存在すると想定する必要もない、と判断してもよいであろう。(AT, VI, 85)

この箇所の少し前で、デカルトは光については、「光があると言われる物体においては、光というものは空気あるいは他の透明な物体を介してわれわれの眼の方へと伝わってくる、極めて速く、極めて活発なある特定の運動または作用以外の何ものでもない」（AT, VI, 84）と述べている。また色については、「色があると言われる物体においては、これらの色というのは、その物体が光を受け取り眼の方へと送り返す様々なやり方以外の何ものでもない」（AT, VI, 85）と述べている。つまりわれわれが日常物体にあると見なしているところの光や色といったものが、実際にそのものとして物体にあるわけではなく、それらは単に物体のある種の運動や作用であることが主張されている。つまりわれわれが感覚しているところの光や色といったものは、そういったある種の運動や作用がわれわれの感覚器官にはたらいた結果、われわれが捉えることになるものなのであり、それがすなわち引用文中にある、光や色の観念あるいは感覚なのである。

先の引用箇所は、本章第二節で最初に言及した引用文と内容はまったく同じである。つまりここでの「観念」なる用語も、われわれの認識を説明する「対象」・「観念」・「精神」という三つ組みの一項として機能しており、対象とわれわれがそれについて抱く観念とは似ておらず、まったく異なるのである。そしてそれらがどのように異なるか、あるいは光や色とは実際に何であるかは前段落で記した通りである。また先に引用した「屈折光学」第一講では、デカルトはわれわれが心の内に抱く観念について述べていたが、他のある箇所ではわれわれが観念を抱くことになる過程の一端を説明している。たとえば第四講の終わりあたりには次のような叙述がある。

> われわれの脳の中で形作られる像（les images qui se forment en notre cerveau）についてもまったく同じだとわれわれは考えるべきであるし、われわれが注目すべきは、それらの像は自らが関係を有している対象のすべての様々な性質を精神に感覚させる手段をどのような仕方で与えるのか、ということだけが問題であるということであり、それらの像がそれ自体として対象とどのような仕方で類似しているかということはまったく問

題ではない、ということである。(AT, VI, 113)

ここで使用されている「像(image)」という言葉は感覚(像)としての観念という用語に一致するものではない。ここでは精神が捉える感覚像ではなく、あくまで脳内に痕跡として刻印される物理的な像のことが述べられている。それでももしかしここにおいてもデカルトは、その像さえもそれが表す対象とは似ていないことを強調している。なぜこのように彼は執拗に強調するのであろうか。やはりそれは周知の通り、彼自身がその構築の一翼を担った新しい自然哲学の独自性を示したいがためだったのであろう(22)。

さて「屈折光学」という書物はその扱っている主題の性格上、われわれの感覚の中でも特に視覚を中心に論じている。そしてこの視覚に関して「観念」という言葉が用いられる時、この「観念」という用語はほとんど感覚像と同じ意味で使用されている。このことを明瞭に確認できるのが第六講冒頭の叙述である。そこでまずデカルトは、前段落で見た引用箇所と同じように、観念に至る過程の段階の一つとして次のように述べている。

さてこの絵「眼底で形作られる像」は上記のようにわれわれの頭の内部にまで移り、それが生じた所の対象との何らかの類似を保持してはいる。しかしながらすでに充分に理解してもらった通り、その絵がわれわれにそれらの対象を感覚させるのは、あたかもわれわれの脳の中に別の眼があって、それらによってわれわれはその絵を知覚することができるというように、この類似性という手段によってであると納得してはならない。そうではなくてむしろこのことはその絵を形作っている運動によってであり、その運動は精神がわれわれの身体と結合している限りでわれわれの魂に対して直接的にはたらきかけるのであり、魂にそのような感覚を持たせるように自然によって設定されているのである。(AT, VI, 130)

デカルトは前講（第五講）で眼底に形作られるところの像について図を交えつつ説明しており、その部分を受けてこの引用箇所が記されている。前講ではその像が脳内の神経線維を経ていわゆる「松果腺」に達する過程について述べられている。つまりその過程においては対象とまったく類似した像がそのまま松果腺にまで達するのではなく、伝達されるのはその像を形成しているところのある運動であり、この運動が松果腺に達した結果生じるのが、われわれの魂（＝精神）が抱くところのある感覚すなわち観念である。デカルトはこの引用箇所に続いてさらに詳しい説明を行うのだが、そこでも再度あの見慣れた叙述が姿を現している。彼は次のように記している。

とにかく魂が抱いている観念と、この観念を引き起こす運動との間にはいかなる類似性もありえない。（AT, VI, 131）

これまで参照してきた引用箇所では、われわれの外にある対象とそれが原因となって生じるところのわれわれが抱く観念との非類似が主張されていた。この引用箇所ではさらに対象が引き起こすある種の運動もまた観念とはまったく類似性を有しないことが主張されている。

結語

以上本章では、主にデカルトの自然哲学において「観念」という用語がどのように使用されているのかを見てきた。そこで明らかになったのは、観念は、まずわれわれの認識を説明する枠組みにおけるものとして、すなわち「対象」・「観念」・「思惟（あるいは精神）」という三つ組みにおける一項として機能している、ということである。つまり、われわれの外にある対象（物体）が実在し、そして「観念」なるものはその対象が広義における原因となって、われわれの思惟（あるいは精神）の内に生じるものである、という構図においてこそ、「観念」という言葉はその意味を持ちうるものとなるのである。このような構図が成立しているからこそ、彼が再三再四強調する、対象とその観念とが類似していない、という主張も説得力を持つものとなる。さらに本章で取り扱ったテキストのいくつかの箇所においては、観念が生理学的・物体的側面を有していることも明らかになった。この点はのちの『省察』に見られる「観念」とは大きく異なる点である。このようにしてその内実が明らかになった、自然哲学的な書物において現れる「観念」が、形而上学的な文脈においてはどのような内実を有するのか、また形而上学的な文脈における「観念」と自然哲学的な文脈におけるそれとがどのように関わるのかについては、次章および本書第Ⅱ部第二章で論じる。

[注]

（1）デカルトの時代前後（特にデカルト以前の一七世紀初頭）における「観念」という語句を詳細に検討した研究論文として次のものを挙げることができる。Roger Ariew and Marjorie Grene, 'Ideas, in and before Descartes', *Journal of the History of Ideas*, vol. 56, no. 1 (January 1995), pp. 87-106.

（2）この『精神指導の規則』はデカルトが一六二〇年代後半（おそらく二八―九年頃）に書いたとされる未完の著作である。一七〇一年アムステルダムで刊行されたデカルトの『遺稿集（*Opuscula Posthuma*）』において初めて公にされたが、草稿はそれ以前にも多くの人によって読まれていたようである（アルノーやライプニッツなど）。この書には『方法序説』以降公に明らかになっていくデカルトの学問方法が粗い形ではあるが現れており、デカルトの思索の道程を探る上では重要な書物である。この書でデカルトは知識一般の確実性を純粋数学の確実性に限りなく近づけることを意図し、そのための普遍的方法の確立を目指している。その普遍的方法のモデルとされたのが、「順序と計量」のみに関わる一般的な学問としての「普遍数学（mathesis universalis）」であり、デカルトはこの構想を試みた。またこの書の後半部分ではその時点での彼の認識論上の考察をまとめて記している。しかしこちらは「普遍数学」の構想とは違って、旧来のアリストテレス主義的な認識論を踏襲したものとなっている。

(3) 幾何学における「解析（Analysis）」については本書で詳細には論じないが、デカルトの方法論としての「分析（Analysis）」については、本書第I部第三章で論じる。なお、幾何学における「解析」については、本書第I部第三章注(1)を参照。

(4) たとえば数学（特に幾何学）に関する観念としては二つのものが考えられる。デカルトは『省察』の第六省察において、精神のはたらきとして想像作用（imaginatio）と純粋な知性作用（pura intellectio）の二つを挙げ、その違いについて述べている（AT, VII, 72）。たとえば三角形を想像するという場合、三つの直線によって囲まれたある図形を、あたかも目の前にあるかのように見る。このとき、この三角形の観念は感覚像として捉えられるものであろう。他方、三角形を知解するという場合、三角形なるものを「三つの直線によって囲まれる図形」という風に概念的に把握する。このとき、この三角形の観念は概念的なものである。デカルトはさらに、この二つのはたらきの違いを強調するために、千角形（chiliogonum）を知解することはできるが、想像することはできないと述べている。

(5) ここでの想像や想像力（phantasia vel imaginatio）であるが、これは現代的な意味での、現前の知覚に与えられていないものの心像（イメージ）を心に思い浮かべる、といったものだけに限られるのではないことは周知の通りである。すなわちデカルトの時代における「想像」とは、現に今知覚している様々な感覚的な像を作り出すものとしても捉えられている。そのような知覚理論は無論中世スコラ哲学の知覚理論に多くを負っているが、本章第二節などで指摘するように、デカルトは現に知覚している対象そのものと、知覚者が有している「観念」・「感覚像」の非類似性を強調することになる。

(6) デカルトは一六三〇年代の初め頃、その時点での彼の自然学的考察をまとめる作業を行っており、その結果一六三三年までに書き上がったのがこの『世界論』である。この書物の中心的な話題となっているのは副題にもあるように「光」である。天体は光を発し、人間は光によってすべてを見る。この「光」を中心にして、この世界の様々な仕組みを機械論的にデカルトは捉え、説明している。この書にはのちにニュートンによって定式化される慣性の法則などの物理法則も論じられており、科学史上においても重要な書物である。この書は一六三三年までに書き上がっていたのだが、ガリレオ・ガリレイが宗教裁判で有罪となったのをデカルトは伝え聞き、急遽出版を思いとどまった。デカルトの『世界論』もコペルニクスの地動説を当然のように認めていたからである（ただし仮説（寓話）として論じている）。結局この『世界論』はデカルトの生前には出版されず、彼の死後一六六四年に初めて出版された。

（7）たとえば同じ『世界論』第一章では次のような用例がある。

言葉の意味に注意を向けず、ただその音だけを聞いているまさにその時にも、われわれの思惟において（en notre pensée）形作られるこの音の観念は、その原因であるところの対象と似た何ものかである、とあなたは考えるのだろうか？（AT, XI, 5）

（8）デカルトはのちの『省察』の第三省察において「私の思惟（meae cogitatio）」を分類する際に、「私の思惟」に含まれるものの一つとして「あたかもものの像のようなもの（tanquam rerum imagines）」があると指摘し、「本来ただこれのみに観念という名が当てはまる」と述べている（AT, VII, 37）。ただし第三省察のこの箇所での「観念」は「感覚像」そのもののみを意味しているわけではない。このことはデカルトが例として「天使」や「神」の「観念」を挙げていることからも明白である（それらは感覚では捉えられないから）。

（9）この箇所でデカルトは具体例を挙げているわけではないが、あるものそのものとそのあるものの観念との違いを強調する箇所で、デカルトはよく「太陽」を例として挙げている。『省察』の第三省察（AT, VII, 39）や第一答弁（AT, VII, 102-3）を参照されたい。これらについてはそれぞれ本書第Ⅱ部第二章と第三章、第Ⅰ部第二章で言及する。

（10）このような、認識における「対象」・「観念」・「精神（あるいは思惟）」という三つ組み構造については、冨田恭彦によるロックやバークリの観念説に関する一連の研究に示唆を受けた。冨田恭彦『ロック哲学の隠された論理』（勁草書房、一九九一年）および『観念説の謎解き』（世界思想社、二〇〇六年）を参照されたい。

（11）『人間論』においては、「精神」の内に存在するものとしては、「観念」という言葉よりもその代わりに「感覚（sens）」や「感情（sentiment）」「情念（passion）」という言葉が多く使用されている。

（12）『世界論』では、第五章の最後のところで、われわれの世界における様々な自然現象を説明する手段として、一つの寓話（une Fable）を作ってそれを用いて説明してみるとデカルトは述べている。そして第六章の冒頭で「そこでしばらくの間、あなた方の思惟をこの世界「われわれの世界」の外に出して、想像上の空間に私が生じさせる、まったく新たな別の世界を見てもらうことを許して頂きたい」（AT, XI, 31）と述べている。したがって、『世界論』の第六章以下、および『人間論』の記述は、この「新たな別の世界」についてのものであり、厳密に言うと「われわれのこの世界」ではない（「寓話」であるから）。

（13）ここで「機会」と訳した単語は仏語の「occasion」である（つまりラテン語の「occasio」）。引用箇所の文脈では、外部の空気の振動が「きっかけ」あるいは「機会」となって音の観念が生み出される。この場合の「きっかけ」あるいは「機会」という用語は、空気の振動と音の観念との関係を強い意味での因果関係と捉えていないことを示している。つまり、本章第二節で言及した記号的関係を意味するものとして、「きっかけ」あるいは「機会」という用語が使用されているようである。このようなデカルトの「機会原因論（occasionnalisme）」をさらに推し進めた人物としては、周知の通り、マルブランシュ（Nicolas de Malebranche: 一六三八―一七一五年）の名を挙げることができよう。

（14）ここでの「共通感覚（sens commun）」とは、さかのぼればアリストテレスの『霊魂論』で言及されている、「共通感覚（*κοινὴ αἴσθησις*）」に行き着く。これはアリストテレスにおいては、五感から得られた個々の感覚的知覚が統合される場として想定されていたものである。そしてこのような意味での「共通感覚」は、スコラ哲学における公認の学説の一つであった。デカルトはこの「共通感覚」を拒絶するのではなく、独自な仕方で彼の心身相互作用理論に組み入れている。この心身相互作用理論がある程度まとまった形で論述されるのは、最晩年の著作である『情念論』（一六四九年）においてである。そこでは上記の引用文にある「共通感覚」の座であるところの腺H（松果腺）において、精神と身体（物体）とが相互作用する、とデカルトは論じている。しかしながら、この見解は周知の通り、いわゆる心身問題を引き起こすことになった。

（15）このようないわば「脳内に刻まれた特有の図形（brain patterns）」としての「観念」という捉え方に重点を置いてデカルトの「観念」理論を解釈しようとする文献として、次のものを挙げることができる。特に第二章、「感覚：脳のパターンとしての観念（Sensation: Ideas as Brain Patterns）」を参照されたい。D. Clarke, *Descartes's Theory of Mind*（Oxford: Clarendon Press, 2003）.

（16）この箇所で見受けられる「観念」の生理学的・物体的側面は、のちの『省察』などではっきりと否定されている。たとえば『省察』の第二答弁に付された「諸根拠」中の「定義」に次のような記述がある。「II.［中略］さてしかし、ただ想像（phantasia）において描かれた像（imago）のみを観念とは私は呼ばないのである。それどころか、ここではそのようなものを決していかなる仕方でも、それが身体的・物体的な（corporeus）想像においてある限りにおいて、すなわち脳のある部分において描かれている限りにおいては、観念とは決して呼ばないのであって、それがただ脳のその部分へと向けられた精神そのものを形作る（informare）限りにおいてのみ、観念と呼ぶに過ぎないのである」（AT, VII, 160-1）。この引用箇所については、本書第II部第二章第一節でもあらためて言及する。

（17）第IV部より前では、たとえば第II部などで「en idée（頭の中で、心の中で）」（AT, VI, 14）という表現が見受けられる。

(18) これは、のちの『省察』におけるいわゆる「明証性の一般的規則」に相当するものである。この「明証性の一般的規則」については、本書第Ⅰ部第四章、および第Ⅱ部第一章において詳細に論じる。

(19) この「思惟」と「観念」がほとんど同じ意味を有するものとして使用されている、という点に関しては、アルキエがアルキエ版デカルト全集の中の脚注で言及している。次の文献を参照されたい。F. Alquié (éd.), *Descartes, Œuvres philosophiques* (3vols., Paris: Garnier, 1963-73), vol. 1, p. 605.

(20) このように、『方法序説』第Ⅳ部における神の存在証明においては、のちの『省察』のような「観念の表現的実在性」と「因果性の原理」を使用した議論は行われていない。『省察』における神の存在証明については、本書第Ⅱ部第一章および第二章で詳細に論じる。

(21) 本章の注(4)で言及したように、のちの『省察』においては「観念」(もちろん、精神の内に存在する)ということで、デカルトは「感覚像」的なものと「概念」的なものの両者を意味していた。『方法序説』の第Ⅳ部の「観念」も基本的にこれと同じ意味内容を有していたと考えられる。しかしなぜか第Ⅴ部においては、「観念」という語句が、「感覚像」的なもの、しかもそれはある種の物体的なものを意味するものとして用いられている。

(22) デカルトは先の引用箇所の少し前で、「当代の哲学者たちが一般に行っているような、感覚するためには対象から脳まで送られてくる何らかの像を魂が考える必要があるということを、前提しないように気を付けねばならない」(AT, VI, 112) と記している。ここでの「当代の哲学者たち (nos Philosophes)」とは、おそらくデカルトが斥けることを欲した中世以来のスコラ哲学に与する学者たちであろう。このようなスコラ哲学を脱しようとするデカルトの姿勢は周知の通り、本章第一節で論及した『精神指導の規則』にすでに見受けられる。もっともこの『精神指導の規則』では、デカルトの「新しい方法」が提示されると同時に、アリストテレス主義的スコラ哲学の残滓も多々見受けられる。

第二章　形而上学の文脈における「観念」

序

前章では、デカルト哲学全体において要の一つとなる「観念」という用語について、『省察』以前の諸著作においてデカルトがどのように捉えていたのかを考察してきた。特に彼の自然学において、「観念」というものがいかなる役割を果たしているのかを確認した。その自然学の文脈における「観念」という用語の役割とは、観念は、まずわれわれの認識を説明する枠組みにおけるものとして、すなわち「対象」・「観念」・「思惟（あるいは精神）」という三つ組みにおける一項として機能している、というものであった。しかも前章で取り扱ったテキストのいくつかの箇所においては、観念が生理学的・物体的側面を有していることも明らかになった。本章ではそれらのことを踏まえた上で、『省察』における観念について、特に形而上学・第一哲学の文脈において観念がどういうものとして捉えられているのかを確認していく。そのためには無論、『省察』本文の考察が重要であるのだが、観念について詳細に論述されるのは第三省察の神の存在証明の文脈においてであり、これは他の問題とも絡めてかなりまとまった論考を必要とする。したがって第三省察における観念についての考察は本書第Ⅱ部第二章において行うことにする。

よって本章ではその考究のための準備として、『省察』本文以外の箇所で、「観念」なるものの特徴や性質について、デカルトや彼の同時代の人々が論述していることを考察していく。「観念」という用語は一七世紀以降の哲学者たちにとって自身の思想を構築するにあたり重要な役割を果たしており、その意味内容は重なり合いつつもそれぞれ異なっている。したがってデカルト自身の「観念」用法を確認しつつ、他の哲学者たちの用法と比較検討することで、デカルトの思想における「観念」という用語の意味内容もより一層明らかになるだろう。

まず第一節では、『省察』の「読者への序言」の中で観念に関して言及されている箇所を参照し、『省察』における「観念」が有する重大な二つの側面について確認する。それら二つの側面とは、質料的側面と表現的側面である。つまり「観念」は質料・素材的側面（観念の存在そのものが何に依存するかという観点）から見れば、精神のある様態・在り方として捉えられる。そして表現的側面から見た「観念」に関しては、精神・知性の対象となる、観念が表現しているものに焦点が合わせられることになる。そして第二節以降では、『省察』に付された反論と答弁に現れている「観念」についての、反論者たちとデカルトの記述を丹念に辿っていくことにする。[1] まず第二節では、観念の有する表現的な側面に関連して、第一反論者であるカテルスの見解と、それに対するデカルトの答弁を参照する。ここでは特に観念の表現的な性格に由来する、観念の「表現的実在性」なるものをめぐって議論が展開される。この観念の「表現的実在性」なるものは第三省察の神の存在証明において重要な役割を果たすものであり、デカルトの思想を考察する上では外すことはできない（詳細な考察は本書第Ⅱ部第二章）。そして第三節と第四節では、観念の存在様式に関するデカルトと反論者たちの見解の違いについて論じる。具体的には第三節でホッブズの第三反論とそれに対するデカルトの答弁を扱い、第四節ではガッサンディの第五反論とそれに対するデカルトの答弁を参照する。デカルトはいわゆる心身二元論の立場から観念の存在を精神の側に置くが、ホッブズやガッサンディは物質主義の立場から観念の存在を物体側に置いている。『省察』以前の書物においてデカルトは「観念」の存在を精神の側に置くか物体の側に置くかに関して揺れていたが、その点は『省察』において解決されており、そのことは本章第三節と第四節の議論で明瞭に確認される。したがってこれらの考察によって、前章で確認した観念の自然学的側面とは異なる、デカルトの「観念」の新たな性格が明らかになるであろう（第二、第六、第七反論と各答弁に関しては、紙幅の関係上本章では論じない）。

第一節　「読者への序言」

デカルトの『省察』にはその前書きとして、「ソルボンヌ宛書簡」、「読者への序言」、「六つの省察の概要」が付されている。その中の一編「読者への序言」の中では、前著『方法序説』の読者からの反論の中で答えるに値する二つの事柄を取り上げ、デカルトはそれに対して答えている。それらの反論の二つ目のもの(2)は、神の存在証明の過程において、自分よりも完全なものの観念を自らの内に有するからといって、その観念そのものが「私」よりも完全なものであるということは帰結しないし、ましてその観念によって表現されているものが存在するということは帰結しない、というものである。デカルトはこの反論に対して次のように答える。

しかしながら私は答える、ここで観念という語のうちには両義性が隠されている、と。すなわち観念という語は、一方で質料的に（materialiter）、知性の作用として（pro operatione intellectus）解されることもできるのであって、この意味においては私よりも完全であると言うことはできないが、他方で表現的に（objective）、そうした作用によって表された事物として（pro re per istam operationem repraesentata）解されることもできるのであって、この事物は、知性の外に存在すると想定されているのではないが、もしそうであるとしても、自らの本質という観点からすれば私よりも完全なものでありうるのである。（AT, VII, 8）

ここでは読者からの本来の疑問点である、観念によって表現されるものが知性の外に存在するかどうか、については直接答えられていない（その詳細は第三省察の神の存在証明において語られることになる）。しかしこの引用文で重要なのは、デカルトは観念を二つの側面から捉えている、ということである。つまり観念についての、質料的／表現的という区別である。[3]「質料的」という意味での観念は、精神・知性の作用あるいは出来事であり、心の中で生じる何かである。つまり思惟の様態・在り方として捉えられるものである。これに対して「表現的」という意味での観念とは、精神・知性がそれへと直接向けられる何か、すなわち精神・知性の対象である。

まず「質料的」という側面から捉えると、「観念」なるものは、はっきりと知性の作用とされ、精神の内で生じる何ものかであり、思惟の様態・在り方であることが主張されている。前章でも確認したように、デカルトはその思索の積み重ねの初期においては、観念を物質的なものとして解した場合もあった。『方法序説』の段階では観念の有する物質的性格はほとんど払拭されていたが（前章第四節参照）、デカルトは『省察』の段階ではそれを完全に捨て去ろうとしたと考えられる（この点に関しては本書第Ⅱ部第二章であらためて論じる）。この「観念」なるものの質料的な側面を強調することになるのが、『省察』の第四の反論者アルノー[4]である。アルノーは知性の作用としての観念を重要視し、観念を有することと知覚することを同一視する。つまり心の作用・はたらきと外的物体との間に立つもの（第三のもの（tertium quid））としての「観念」を認めず、直接実在論を主張することになる[5]（詳細は本章の注（3）で挙げている文献を参照されたい）。

この質料的側面に加えて重要なのが、観念の表現的側面である。この表現的な意味での観念（「観念O」とする）は質料的な意味での観念（「観念M」とする）によって表現されるものである。[6]「表現する」ということの本性が何であるかは、上記の「読者への序言」の引用箇所からだけでは明らかではないが、少なくとも言えることは、各々の観念Oは必然的に観念Mによって表現されている、ということである。また『方法序説』第Ⅳ部においては「表現的（objectivement）」という言葉は使用されておらず、そこでの神の存在証明において、観念の表現的な性格に由来する観念の表現的実在性は、重要な役割を果たすことはない。この点は、『省察』における神の存在証明と比較すると、重大な違いである。この「表現的」という性質がデカルトの「観念」理論においてどのような役割を果たすのかは次節でも触れるが、詳細な考察は本書第Ⅱ部第二章で行う。

第二節　カテルスとの第一反論と答弁

本節以下では『省察』本文に付された各反論と答弁において、「観念」という用語に関係する記述を一つ一つ確認していく。第一反論はアルクマール（Alkmaar）の司祭カテルス（Caterus）によるものである。この第一反論では、特に「原因（causa）」という概念について様々な形で議論されている。注目すべきは、存在する原因として、他のものではなく自己自体を要するあるものを論じている箇所である。この箇所に対するデカルトの答弁によれば、「存在するために決していかなる援助も必要とせず、そしてまた維持されるために今もいかなる援助も必要とせず、こうしてある仕方では自己原因（sui causa）であるというほどに、それほどに汲み尽くせない力がその中にあるような何らかのものが存在しうる」し、それはまさしく神である（AT, VII, 109）。第一答弁においては、このような自己原因についての議論や、他にも有名な「無際限（indefinitum）」と「無限（infinitum）」の区別についての議論もあるが[7]、本節では「観念」という用語との絡みで、観念の「表現的実在性（realitas objectiva）」について議論の応酬がなされている箇所を確認しておく。

この観念の「表現的実在性」なるものがデカルトの「観念」理論においてどのような役割を果たすのかは、

本書第Ⅱ部第二章において論じるが、ここではその意味内容を簡潔に述べておく。まずデカルトによれば、諸々の「観念」は、それがそれぞれ「思惟の様態」である点においては、なんら差がない（AT, VII, 40）ものである。つまり「観念」それ自体の実在性（現実的あるいは形相的実在性（realitas actualis sive formalis））は、それが「思惟の様態・在り方」であることに存している。しかし「ある観念があるものを、他の観念が他のものを表現している（repraesentare）限りにおいては、それらが互いに大きく異なるものであることは明白である」（同上）とされる。そしてその「表現している」という点において各観念間に差をもたらすものが、「観念」が含む「表現的実在性」である。

さてまずカテルスは、第三省察の神の存在証明の文脈で重要な役割を果たす観念の表現的実在性について、次のように疑念を呈している。

> 観念とは、それが知性の内に表現的にある（esse objective in intellectu）という限りでの、思惟された事物そのもの（ipsa res cogitata）である［、とあなた（デカルト）はおっしゃっている］。しかしながら知性の内に表現的にあるとは一体何なのでしょうか。以前に私は次のように学びました。それ［知性の内に表現的にある］は知性のはたらきそのものを対象という仕方を通して（per modum objecti）制限することである、と。しかしそれはまったく外的な命名（extrinseca denominatio）であって、事物（res）に属する何ものでもありません。（AT, VII, 92）

ここではデカルトが第三省察で強調する観念の表現的実在性に関して、カテルスはその実在性を否定している。カテルスは「知性の内に表現的にあること」ということを、「知性のはたらき（actus intellectus）そのものを対象という仕方を通して制限すること」と解している。これは本章第一節で確認した、観念が帯びている二つの性質という観点からすると、質料的側面を重視して表現的側面を軽視している立場といえる。したがってその立場からカテルスは、観念の表現的実在性は現実には存在せず、単なる命名（denominatio）に過ぎないと主張することになる。上記の引用の少しあとでカテルスは次のように言っている。

> というのも、表現的実在性は純粋な命名であって、現実には何ものでもないからです（realitas enim objectiva pura denominatio est, actu non est）。（同上）

このようなカテルスの主張に対してデカルトはどのように応えるのだろうか。デカルトは第一答弁でまず次のように述べている。

> ここで注意を向けるべきことは、彼［カテルス］が知性の外に置かれるものとしての事物そのものに（ad rem ipsam tanquam extra intellectum positam）注視しているということであり、知性の内に表現的にあるということは、その事物そのものとの関係においてはまさに外的な命名（extrinseca denominatio）です。しかし私は観念について述べているのであり、その観念とは決して知性の外にあるのではなく、そして観念との関係においては、表現的にあるということは、対象が慣わしとして知性の内にあるその仕方でもって、知性の内にある（esse in intellectu eo modo quo objectiva in illo esse solent）、ということ以外の何事も意味するのではないのです。（AT, VII, 102）

ここでデカルトは、観念が表している事物そのものとの関係では、知性の内に「表現的にある」ということは外的な命名に過ぎないことを認めている。つまり、観念はそれが表している事物そのものではなく、単にその事物を表現するだけの記号のようなものであり、その点ではその事物それ自体が有しているような実在性を有しているわけではない。しかし、ここでデカルトが強調したいのは、観念それ自体との関係で、「表現的にある」ということはまったくの無ではなく、対象である事物に関わる何らかの実在性を有している、ということである。たとえば太陽の観念については次のようなことになる。

したがって太陽の観念は、知性の内に存在する太陽そのものなのですが、天空にあるように形相的に(formaliter)というのではなくて、表現的に(objective)、つまりは対象が慣わしとして知性の内にあるその仕方で、存在するのです。まさにこの在ることの様態(essendi modus)は事物が知性の外に存在する様態よりも格段に不完全なのですが、しかしそれだからといって、すでに以前に記したように、まったくの無であるというわけではないのです。(AT, VII, 102-3)

この引用箇所での「形相的に存在する」というのは、第三省察で言われるところの「形相的実在性(realitas formalis)」のことである。つまり太陽の観念は、太陽そのものが有する形相的実在性(太陽そのものが有している実在性)を有しているわけではない。しかしだからといって、太陽の観念は、観念そのものが有する形相的実在性(つまり精神・思惟の様態としてあるということ)以外の実在性をまったく有していないというわけではない。「表現的にある」という意味での太陽の何らかの実在性を有しているとデカルトはここで主張するのである。

さらにこの観念の表現的実在性の原因に関しては、デカルトは次のように答弁している。

これは、観念が知性の外に存在するためには(ut extra intellectum existat)原因を要しない、ということであって、このことを私は認めます。しかしながら、それ[観念]が概念されるためには(ut concipiatur)原因がまさに必要なのであって、この点についてだけ問題があるわけです。(AT, VII, 103)

つまりここでは、その観念が表現している当の事物が知性の外に存在しているかどうかがさしあたって問題なのではなく、その観念が知性において概念されているという、その原因を探求することが問題なのである。先に述べたように、観念そのものはどんな観念であれ、精神あるいは思惟の様態であり、観念の形相的実在性は、物体とは独立に実体として存在する精神に存している（周知の通り、第六省察において初めて物体と精神とが互いに依存しない別個の実体であることが定立される（AT, VII, 78））。しかしながら、それぞれの観念がまさに他のものではなく、表現されている内容の点で別個のものであるためには、何らかの原因が必要となる。デカルトはここで具体例としてある精巧な機械の観念を持ち出している。この観念がなぜ概念されうるか、ということが問われることになるのである。デカルトはまず次のように記している。

> また、知性そのものがその原因である（intellectum ipsum esse ejus causam）、つまり［概念することは］知性の作用に属するから、と言うことも彼を満足させないでしょう。というのもこのことに関しては疑われていないし、その観念の中にある表現的な技巧の原因について（de causa artificii objectivi）だけが疑われているのです。（AT, VII, 103）

つまりここでは、観念の形相的実在性の原因が問われているのではなく、その観念においてある精巧な機械が表現されているという、そのことの原因が問われている。それを確認した上で、デカルトは次のように指摘する。

> そして注目すべきことは、その観念の内に表現的にのみある（in idea illa est tantum objective）ところのすべての技巧は、必然的にその原因のうちに、その原因が結局のところどのようなものであっても、形相的にか、優勝的にか（vel formaliter, vel eminenter）[8]、あるのでなければならない、ということです。（AT, VII, 104）

というのもまったくその反対に、すべての考えられうる技巧がそこに含まれているような機械の観念をある人が持つとするならば、そこから推論される最良のことは、そのような観念が、すべての考えられうる技巧がその内に実際そのように存在していたところの（in qua omne excogitabile artificium reipsa existebat）ある原因から、たとえそれが観念の内には表現的にのみあるに過ぎないとしても（etiamsi in ea sit tantum objective）、流出した、ということなのです。（AT, VII, 105）

上記の引用文からわかるように、最終的にデカルトは、観念が概念されうる原因として、その概念されているもののすべてを形相的にあるいは優勝的に備えている、実際に存在するものを考えている。この論理は第三省察で展開されるものとまったく変わらない。そしてこの論理は神の存在証明へ適用されることになる（このことについての詳細は本書第Ⅱ部第二章で論述する）。

以上確認してきたように、デカルトが『省察』の段階において「観念」という用語によって捉えていたものの内の重要な性質の一つが、観念の「表現的」な側面である。カテルスはデカルトが主張するところの観念の表現的実在性を認めようとしないが、そのカテルスに対しデカルトは根気強く観念の表現的実在性がなぜ認められなければならないのかを説いている。次節では論点を変えて、観念そのものの存在様式について、ホッブズとの議論の応酬を参照しつつ考察していく。

第三節　ホッブズとの第三反論と答弁

第二反論と答弁においては、特に答弁の最後に付された「神の存在と、魂が身体から区別されることを証明する、幾何学的な様式で配列された、諸根拠（Rationes dei existentiam & animae a corpore distinctionem probantes more geometrico dispositae)」においては、『省察』本文に現れる重要な概念について定義などが与えられている。もちろん「観念」やその関連概念についても定義が与えられているが、それについては第Ⅱ部第二章の議論において参照することにする。本節ではホッブズ（一五八八—一六七九年）との第三反論と答弁に関して考察する。

この第三反論と答弁では、デカルトとホッブズの立場の違いが明瞭に浮かび上がってくる。ホッブズの物質主義は非常にはっきり表明されている。たとえばホッブズによる第三反論中の反論二では、次のように記されている。

> しかもここから「われわれはどんなはたらきであれ、それをその基体なしには概念把握できない、ということから」、思惟するものは物体的な何らかのものである（rem cogitantem esse corporeum quid）、ということが帰結するように思われます。というのも、あらゆるはたらきの主体（subjectum: 基体）は、ただ物体的な視点すなわち物質という視点のもと（sub ratione corporea, sive sub ratione materiae）でのみ、理解されると思われるからです。（AT, VII, 173）

デカルトが第三答弁中の答弁一などで、方法的懐疑は精神と物体とを明確に区別するために導入したと述べているように、デカルトは精神的なものと物体的なものとをはっきり別の実体として区別している。しかしホッブズは、すべては物質に帰着させることができると考えているようである。この姿勢はこのホッブズの第三反論全体を通じて変化していない。たとえば彼は反論四でも次のように述べている。

> もしこのようであるとするならば、それはありうることなのですが、推理（ratiocinatio）[9]は名称（nomina）に、名称は想像［想像力］（imaginatio）に、そして想像はおそらく、私が思っているように、物体的器官の運動

（organorum corporeorum motus）に、依存することでしょう。このようにして精神は、有機的物体の何らかの部分における運動（motus in partibus quibusdam corporis organici）以外の何ものでもないことになるでしょう。（AT, VII, 178）

これら二つの引用箇所を参照するだけでも、ホッブズとデカルトの思想の明確な差異を見て取ることができるだろう。

このように立場がはっきり異なる二人であるが、本章の問題である「観念」という用語については、それぞれどのように捉えているだろうか。[10] 反論五でホッブズはまず次のように述べている。

私は人間を思惟するとき、形と色から構成された観念、すなわち像（idea, sive imago constituta ex figura & colore）を認識します。そしてその観念について、それが人間に類似しているか否か、を私は疑うことができます。私が天空を思惟するときも同様です。キマイラを思惟するときも、私は観念、すなわち像を認識します。（AT, VII, 179）

ここでホッブズが言う観念は可視的で物質的であるようなものの像のことである。したがってホッブズにとっては、不可視で非物質的なものの観念はありえない。たとえば神の観念はありえないのである。同じ反論五において、ホッブズは次のように指摘する。

神という敬うべき名称に対しても同じであって、神についてのいかなる像、すなわち観念をも、われわれは持っていないのです。またそれゆえに、概念することの不可能なものをわれわれは概念している、と思うことのないように、神を像のもとで崇拝すること（Deum sub imagine adorare）を禁じられているのです。（AT,

VII, 180）

このようなホッブズの見解に対して、デカルトはどう答えるのだろうか。周知の通り、基本的に『省察』本文の記述から外れることはない。たとえば答弁五においてデカルトは次のように言う。

ここで、観念という名称によって彼［ホッブズ］は、単に物体的な想像において描かれた、物質的なものの像（imago rerum materialium in phantasia corporea depictas）のみを理解しようとしておられますが、このような仮定に立つとするならば、天使や神の本来的な観念はまったくありえない、ということを証明することは彼にとって容易であります。さてしかし、私は至るところで、その上とりわけまさにこの箇所［第三省察］で、私が観念という名称を精神によって直接的に把握されるもののすべてとして解している（nomen ideae sumere pro omni ea quod immediate a mente percipitur）ということを示したのでありまして、このようにしてつまり、私が欲しあるいは恐れるという場合には、それと同時に私は私が欲しあるいは恐れているということを把握していますから、まさしくこれらの意志作用と恐怖（volitio & timor）そのものも、私によって観念のうちに数え入れられるのです。（AT, VII, 181）

上記の引用箇所を見る限り、二人の間の差異は明瞭である。ホッブズがあくまで物体的な想像において描かれた物体的な像のみを観念としているのに対して、デカルトはそれを精神によって把握されるもののすべてとしている。デカルトの「観念」理論によるならば、ホッブズが認めない天使や神の観念をわれわれは持つことができよう。しかしホッブズは頑固に狭い意味での観念しか認めない。このことが彼の唯物論的で原子論的なものの見方に由来していることは間違いないだろう。このような原子論的な見方はデカルトも若い頃、ベークマン(11)などを通じて充分知っていたはずである。しかしながらデカルトは最終的には、その物質的性質の強い観念のみに「観念」という用語を限定しなかった。前章で確認したように、デカルトもある場合にはホッブズの考えと似たような仕方で観念を物質的なものとして解していたこともあった。しかしこの『省察』の段階では、「観念」という用語の意味内容を変更し、ある意味で拡大している。

この二人の間の「観念」という用語についての並行関係はこのあとも続く（たとえば反論六では、ライオンの観念を有することとそのライオンについて抱く恐怖について議論されているし、これに関連してデカルトは答弁九や答弁一〇で彼が捉えているところの「観念」の定義を繰り返し述べている）[12]。この並行関係を正当に評価するためには、デカルトとホッブズ両者のそれぞれの認識論の枠組みを正確に押さえておかねばならないだろう[13]（本書では紙幅の関係上、この点に関する考察はしない）。

以上見てきたように、この第三反論と答弁において、デカルトとホッブズの議論はほとんど絡み合うことなく平行線を辿っており、あまり生産的な議論とは言えないかもしれない。しかしながら、この当時の認識理論の構築にあたって重要な役割を果たしていた「観念」というものが、各々の哲学者たちにとってどういう意味合いを有していたのかは確認することができる。特にこの第三反論と答弁は、「観念」の形相的実在性が物質の側にあるのか、精神の側にあるのか、この二つの立場を確認するには絶好の箇所である。

第四節　ガッサンディとの第五反論と答弁

第四反論と答弁におけるデカルトとアルノーとのやり取りは、「デカルトの循環」やその他の重要な問題を考えるにあたって重要である。デカルトの循環に関するアルノーの反論については本書第Ⅱ部第一章第一節で論じるが、「観念」に関わる話題としては、観念の「質料的虚偽（falsitas materialis）」[14]を挙げることができる。ただし、この問題はデカルトの判断論とも密接に関わり、かつ「形相的」「質料的」というスコラ的用語をデカルトが使用するにあたっての曖昧さもあって、かなり込み入った議論を必要とする。本書の議論にとって、この問題は無関係ではないが必須のものではないので、紙幅の関係上この観念の「質料的虚偽」についての論及は省く。

さて、本節で取り上げることになるのは第五反論と答弁であり、これはデカルトとガッサンディ（一五九二―一六五五年）との論争である。[15] ホッブズの時と同様、二人の立場が明確に異なるせいか、議論がかみ合っていない箇所が多い。ここでも二人の認識論や観念についての考え方を中心に確認していく。

ガッサンディは各省察についてそれぞれ彼が疑問に感じているところを指摘し、自説を展開している。彼の立場はホッブズ同様物質主義[16]であり、それは第二省察についての反論の所々で見受けられるものである。たとえば、彼は次のように述べている。

次にわれわれのすべての知識は明らかに感覚からその起源を引き出している（ducere originem a sensibus）ように思われます。そしてたとえあなた［デカルト］が、「知性の内にあるものは何であれ、感覚の内に前もってあったのでなくてはならない（quicquid est in intellectu, praeesse debere in sensu）」ということを否定なさるとしても、このことは、それにもかかわらず真であるように思われます。［中略］またあなたは確かに物体的なもの（res corporea）を疑わしいものと呼んでおられる。しかしもしあなたが真理を認めようと欲するのならば、あなたはあなた自身が存在することを確知なさるのに劣らず、その内にあなたがいる身体が存在すること（existere corpus, intra quod versaris）、またあなたを取り囲んでいるところのあらゆるものが存在すること（existere ista omnia, quae te circumstant）、についても確知なさるでしょう。そしてあなたが自分自身を思惟と呼ばれているはたらきだけによって自分自身に明示する（ipsa te tibi ipsi sola operatione, quae cogitatio dicitur, manifestes）のであるならば、このことはかの［物体的な］ものの明示を顧みて一体何でありましょうか。

（AT, VII, 267-8）

ここではデカルトが第二省察で論証している、「精神は物体よりよく知られうる」、「物体の存在は疑わしいが、精神、少なくとも思惟する事物としての私の存在は確実である」といった事柄を、ガッサンディはことごとく疑問に付している。そしてむしろ物体的事物の存在の方がより一層明証的であることを主張している。このようなガッサンディの見解は、第二省察最終部のいわゆる「蜜ロウの分析」[17]についてコメントする際にも現れてくる。

このことは確かに、すべての形を除いたところにある何か分からないあのあるものについてなされる精神による洞見が、蜜ロウの明晰かつ判明な認識である（esse claram distinctamque cognitionem cerae）ということを証明しているのではなくて、蜜ロウが許容しうる限りのすべての偶有性や変様についてなされる感覚による洞見（inspectio per sensus）こそが、蜜ロウの明晰かつ判明な認識であることを証明しています。（AT, VII, 273）

上記のように、第二省察についてのガッサンディの反論では、彼の物質主義や感覚主義といった立場が明確に表明されていて、デカルトの論旨をあまり汲み取っているとは言えない論述になってしまっている。
また第三省察についての反論の中には、ガッサンディの観念についての考え方を示す記述が見出される。
デカルトは便宜上、観念を三つの種類に区分したが[18]、この点についてガッサンディは次のように述べる。

私は次のことに、すなわちすべての観念は外来的である（omneis ideas esse adventitias）、あるいはすべての観念は精神そのものの外に存在し、何らかの感覚のもとにもたらされるものから生じる（procedereve a rebus extra ipsam mentem existentibus, & cadentibus in aliquem sensum）ように思われる、ということに注目したいと思います。

(AT, VII, 279-80)

つまりここでガッサンディは、デカルトと異なり、生得観念を認めず、すべては感覚的な外来的観念であると考えている。これもガッサンディの立場からすれば当然の主張であるが、デカルトの省察の論述の順序からすれば、明らかに論点先取の主張となってしまう。ここでも二人の議論はかみ合っていない。

また神の観念について、ガッサンディは次のように言う。

確かにもしあなたが神を、つまり神がいかなるものであるのかを理解しているとすれば、神によってあなたが教えられたと思いなす理由があるのでしょう。しかしながらあなたが神に帰属させるこれらすべてのものは、人間たちやその他の諸々の事物のうちに観察される何らかの完全性（observatae aliquae in hominibus aliisque rebus perfectiones）以外の何ものでもありません。すでに何度も言われてきたことですが、それらを人間の精神は理解し、集積し、拡大することができるのです。（AT, VII, 295）

デカルトは、無限の観念は有限の観念の否定から得られるのではない、と述べているが（AT, VII, 45）、この引用文から推察するに、ガッサンディは有限なるものを拡大していくと無限になる、という風に考えているのだろう。また第六省察についての反論の箇所では、非物体的であり非延長的である精神と、物体的で延長的である身体との関係についてしつこく問い質している。

さて上記のようなガッサンディの反論に対して、デカルトはどう答えるのだろうか。周知の通りデカルトの回答は全般的にそっけなく、話題によっては論ずる価値もないといった風に回答を拒否している箇所も多い。おおむねガッサンディの反論に対しては、デカルトは彼自身の考えを、繰り返し念を押すように述べている。たとえば、第二省察への反論に対する答弁においては、次のような記述がある。

実はしばしば私は、それによって精神が身体とは別のものであること（mentem aliam esse a corpore）を認識するところの基準を提出しました。つまり精神の全本性（tota mentis natura）はそれが思惟するということに存しているが、物体の全本性（tota natura corporis）は延長的な事物であるということに存する、ということ、また思惟と延長との間には共通するものがまったく何もない（nihil prorsus commune sit inter cogitationem & extensionem）ということ、を提出しました。（AT, VII, 358）

このような記述は第六省察でデカルトが述べることとの繰り返しである。[19] さらに第三省察についての反論に対する答弁においては、ガッサンディがデカルトの論の流れをまったく理解しておらず、デカルトから見れば論点先取の議論をしている、とガッサンディを非難したりしている。観念についての考え方も平行線を辿っていて、たとえばデカルトは次のように述べる。

そして天文学上の諸理由からわれわれが結論するところのものが［太陽の］観念であることをあなたが否定なさるという場合に、私が明白に採用していた事柄に反して、観念という名称をただ想像において描かれた像にだけ、あなたは制限しておられるのです（nomen ideae ad solas imagines in phantasia depictas restringis）。（AT, VII, 363-4）

このような観念についての解釈の違いはホッブズのときとまったく同じであろう。この点についてはデカルトも答弁中で何度か繰り返し述べている。たとえば彼は次のように記している。

実際ここであなたが観念について論究しておられることは何であろうと答弁を必要としません。というのは、あなたは観念という名称を、想像において描かれた像にだけ制限しておられますが、この私は実際には思惟されるところのすべてのものに拡張しているからです (ego vero ad id omne quod cogitatur, extendo)。(AT, VII, 366)

ここでもホッブズに対して回答したのと同様、「観念」なるものをガッサンディたちが使用する意味とは違い、非物質的なものとして扱っている。

以上第五反論と答弁におけるガッサンディとデカルトの形而上学的な立場の違い、そして「観念」についての両者の捉え方の違いを考察してきた。前節で確認したホッブズと同様、物質主義的な立場にいるガッサンディと心身二元論を主張するデカルトとの差異は明確である。この差異が「観念」についての捉え方の差異と直接結びついていることはこれまでの考察から明らかであろう。

結語

前章では「観念」という用語について、『省察』以前のデカルトの諸著作において、特に自然学的な文脈において、この用語がどのように使用されているかを考察した。その考察を踏まえた上で本章では、形而上学的な文脈において、この用語がどのように用いられているのかを考察してきた。本章の序で述べたように、この点を考察することにおいて、『省察』本文、特に第三省察のデカルトの論述を検討することが重要であるが、本章ではその検討の準備として、『省察』本文以外のテキストにおける「観念」という用語に関わる叙述を参照し、「観念」という用語の特徴を探ってきた。

本章第一節と第二節で明らかになったのは、観念の表現的側面である。観念は質料的に知性の作用として捉えられるだけでなく、表現的に、つまりそうした知性の作用によって表現されたものとも捉えられる。そしてこの観念の表現的側面ということに関して重要になるのが、観念の表現的実在性である。特に第二節で検討したように、デカルトはこの観念の表現的実在性が、彼の形而上学的な論証を遂行するにあたって必須のものであることを強調していた。この観念の表現的な側面は、『省察』以前の著作においてまったく表立っていなかったというわけではない。本書第Ⅰ部第一章の議論で確認したように「観念」という用語は、われわれの認識を説明する枠組みにおけるものとして、すなわち「対象」・「観念」・「思惟（あるいは精神）」という三つ組みにおける一項として機能していた。その枠組みにおいては、観念は何らかの外的対象を表現する「記号」という役割を果たしていたのである。ただしかし本章第二節で確認した観念の表現的実在性に関しては、『省察』において初めて本格的にデカルトの形而上学的な論証の中に導入されたものであり、『省察』以前の著作にははっきりと見当たらない。よって特にこの観念の表現的実在性に関しては、その内実を詳細に検討する必要があるだろう（本書第Ⅱ部第二章で論じることになる）。

そして本章第三節と第四節では、質料的／表現的という区分からすれば、質料的側面から観念を捉えた場合のその存在様式について、デカルトと彼の同時代の哲学者たち（ホッブズとガッサンディ）の見解の差異を検討した。簡潔にまとめれば、デカルトは観念を思惟の様態・在り方と捉え、つまり心の内に存在するものとして観念を捉えている。逆にホッブズとガッサンディは観念を何らかの物質的なものとして捉えている。本書第Ⅰ部第一章で確認したように、デカルトも『省察』以前のいくつかの著作においては、観念を物質的なものとして捉えていた（特に本書第Ⅰ部第一章第一節および第三節を参照）。しかしながら本章第三節と第四節で確認したように、『省察』の段階では観念の有する物質的な側面はデカルトの哲学からははっきりと排除されている。

以上のような考察から、デカルトの形而上学的な文脈における「観念」という用語の基本的な性格は明らかになった。のちの本書第Ⅱ部第二章においては、本章と前章の議論を踏まえたうえで、デカルトの自然学と形而上学との関係を、特に自然学から形而上学へという影響関係を、「観念」という用語を手掛かりにして探っていくことになる。

［注］

（1）この『省察』反論と答弁に関する論文集として、『省察』第二版の出版の三五〇周年を記念して一九九二年に開催されたコロキウムでの発表論文を集めた次の文献がある。Jean-Marie Beyssade et Jean-Luc Marion（éds.）, *Descartes; Objecter et Répondre*,（Paris: PUF, 1994）.

（2）反論の一つ目とそれに対するデカルトの答弁に関しては、本書第Ⅰ部第三章第三節で論じる。

（3）このような観念の二つの側面に関しては、デカルト以後、様々な議論がある。デカルトの同時代やすぐのちの時代では、アルノーやライプニッツのように、質料的な知性の作用としての観念を重視する立場があり、これに対してマルブランシュのように、表現的な側面での観念を重視する立場もある。この点に関しては、次の文献に詳しい。Steven M. Nadler, *Arnauld and the Cartesian philosophy of ideas*（Princeton: Princeton University Press, 1989）.

（4）アルノー（Antoine Arnauld: 一六一二—九四年）はフランスの神学者・哲学者・論争家。いわゆるジャンセニスムの理論的指導者として数多くの宗教論争に参加した。またその長い生涯を通じて、デカルト、マルブランシュ、ライプニッツなどと哲学論争を闘わせた人物でもある。おもな著作としては次のものが挙げられる。A. Arnauld et P. Nicole, *La Logique ou l'Art de Penser*, éd. critique par A. Clair et Fr. Girbal（Paris: PUF, 1965）. A. Arnauld, *Des vraies et de fausses idées*（Paris: Fayard, 1986）. またアルノーについての論文集として次のものがある。Jean-Claude Pariente（éd.）, *Antoine Arnauld; Philosophie du langage et de la connaissance*（Paris: Libraire Philosophique J. Vrin, 1995）.

（5）現代の一七世紀哲学研究者の中で、このアルノーのような形で「観念」という用語を解釈する代表的な哲学者としてジョン・ヨルトン（一九二一—二〇〇五年）の名を挙げることができる。ヨルトンはデカルトやロックの観念理論を直接実在論的に解釈している。この点については次の文献を参照されたい。John W. Yolton, *Perceptual Acquaintance from Descartes to Reid* (Oxford: Basil Blackwell, 1984).

（6）このような表現は次の文献に拠った。Vere Chappel, 'The Theory of Ideas', in A. O. Rorty (ed.), *Essays on Descartes' Meditations* (Berkeley: University of California Press, 1986), pp. 177-198. この論文では、デカルトにおける観念の二つの側面に関して詳細に論じられている。まずチャペルは上記の「読者への序言」の引用箇所を指摘した上で、観念についての質料的／表現的の区別がデカルトの観念説を理解するにあたっての鍵となることを強調している。その点を確認した上で、質料的意味における観念については、思惟あるいは観念が精神という実体の様態であること、観念Mが主に知覚作用として捉えられるということ、そして観念Mが精神に対して事物を表現するということ、などを指摘する。表現的な意味での観念については、観念Mによって表現されるのが観念Oであることを再度確認したあとで、主に観念Oと表現されているものそのものとの関係や、観念Oの表現的実在性（および観念Mの形相的実在性）などを詳細に論じている。

また、チャペルの「観念M」・「観念O」という表現を借用しながら、デカルトの観念について論及した文献として、次のものがある。Nicholas Jolley, *The Light of the Soul* (Oxford: Clarendon Press, 1990), Chapter 2: Descartes: The Theory of Ideas. この文献でジョリーはまず、第三答弁でのデカルトの「観念」についての言及において、デカルトは、自分の「観念」という言葉遣いが哲学的伝統との一つの断絶を印している、と認めているということを指摘する。しかしだからといって、神的知性における原型としての「観念」という意味合いをまったく捨て去っているわけではない。むしろ、従来の意味合いを受け継ぎつつ、人間精神と神的知性の類似性をも示唆している、とジョリーは考えている。この第二章の前半ではデカルトの「観念」という用語に付随する、「形相的」「表現的」「質料的」といったスコラ的な要素を含む語句について考察がなされる。中盤では先に参照したチャペルの論文に言及しながら、観念Oの存在様式、および観念が何ものかを「表現する」ということについて論及がなされる。後半ではデカルトが「観念」に付与した新たな意味内容を評価しながらも、だからといってデカルトが「観念」が有する伝統的な含意を払拭しようと望んだわけではないことを論じている。特にこの場合の伝統的な含意とは、神的知性の有する「観念」である。

（7）「無限」に関しては、第一反論で次のように問われている。

次のように誰も問わないということはないでしょう。「あなたは明晰かつ判明に無限なる存在を認識しているのでしょうか？　それではあの「無限なるものは、無限である限り、知られない」というよく言い古された一般に知られている命題は一体何を言おうとしているのでしょうか」と。(AT, VII, 96)

この問いかけに対しては、デカルトは三つの点を指摘している。

そこで第一に私は、無限である限りの無限は確かにどんな仕方でも包括的に理解されはしません (infinitum, qua infinitum est, nullo quidem modo comprehendi) が、しかしそれにもかかわらず、ある事物が、いかなる制限もそのうちにまったく見出されえないというようなものである、と明晰かつ判明に理解する限りにおいて (quatenus scilicet clare & distincte intelligere aliquam rem talem esse, ut nulli plane in ea limites possint reperiri)、そのようなものが無限であるということは明晰に理解される、と言っておきましょう。(AT, VII, 112)

そして確かに、ここで私は無際限と無限との間を区別するのであって、そこにおいていかなる点でも制限が見出されることのないもの (illud, in quo nulla ex parte limites inveniuntur) だけを本来的に無限と私は呼びます。この意味では神だけが無限であります。しかし、ある根拠のもとでしか私が限界をそのなかに認めないもの、たとえば想像的空間の延長、数の多性、量の部分の可分性、およびこの類のものを、私は無際限と呼びはしますが、しかし無限とは呼びません。というのもそれらはすべての点で限界を欠いているというわけではないからです (quia non omni ex parte fine carent)。(AT, VII, 113)

さらに私は、無限の形相的根拠、すなわち無限性と、無限である事物とを区別します。というのも、無限性に関しては、たとえそれがきわめて積極的なものであるとわれわれが理解するとしても、しかし何らかの仕方で消極的でなしには、つまり、事物のうちにおいていかなる制限もわれわれが気付かないということからでなければ、われわれは理解しません。実際に、無限である事物そのものを確かに積極的にわれわれは理解します。しかし十全的にではないのであって、つまりその事物において可知的であるものの全体をわれわれは包括的に理解してはいないのです。(同上)

このようにデカルトは、ある点で見た場合に限りがないものについては無際限という言葉を用い、あらゆる点で限りがないもの、つまり神に対してだけ、無限という言葉を使用している。また無限そのものを、つまりここでは神を包括的に理解することはできないことをデカルトは認めているが、だからといって無限という概念がまったく理解できないものである、というわけではないのである。

（8）この「形相的にか、優勝的にか（vel formaliter, vel eminenter）」という用語については、『省察』第二答弁末尾の「諸根拠」の定義Ⅳを参照。

Ⅳ．同じものが観念の対象のうちに形相的にある、と言われるのは、われわれが把握するまさにそのようなものが対象の内にあるときであり、そして、優勝的にある、と言われるのは、確かにわれわれが把握するまさにそのようなものが対象の内にあるわけではないが、その代わりにそれを補充することが可能であるようなものが対象の内にあるときである。（AT, VII, 161）

（9）この「推理・論証（ratiocinatio）」に関して、たとえば『物体論（*De Corpore*）』（一六五五年出版、ラテン語）においては、「推論（ratiocinatio）」とは、感覚することや記憶すること（これらは人間にも他の動物にも共通する能力）に対置されている。ホッブズは次のように言っている。

推論ということで私は、計算（computatio）と理解している。［中略］それゆえに推論するということは付け加えたり引き去ったりすること（addere et subtrahere）と同じなのである。（*Thomae Hobbes Malmesburiensis Opera Philosophica quae Latine scripsit Omnia*, in unum corpus nunc primum collecta studio et labore Guliemi Molesworth, Vol.1（reprint of the edition 1839-45, Scientia Aalen, 1961）, p. 3）

さらにホッブズの主著『リヴァイアサン（*Leviathan*）』（一六五一年出版、英語）第Ⅰ部第五章冒頭にも次のように記されている。

「推理（Reason）」とは何か」……人が推理をするとき、彼が為すのは、諸々の部分の足し算によって（from *addition* of parcels）その合計を概念把握し、あるいは、ある量から別の量を引き算して（from *subtraction* of one sum from another）その残量を概念把握すること以外の何ものでもない。このことは（もしそれが語によってなされるものだとすれば）、すべての部分についての名辞から全体の部分についての名辞への継起（the consequence of the names of all the parts, to the name of the whole）、あるいは、全体および一部分についての名辞から他方の部分についての名辞への継起を、概念把握することである。（*The English Works of Thomas Hobbes of Malmesbury*, now first collected and edited by Sir William Molesworth, Vol. 3 (reprint of the edition 1839, Scientia Aalan, 1962), p. 29)

（10）ホッブズの観念理論に関するある程度まとまった研究論文として、次のものを挙げておく。木島泰三「ホッブズの「観念」試論―デカルト『省察』への反論から―」（『哲学年誌（法政大学大学院人文科学研究科哲学専攻）』第三〇号（一九九八年）、四三―六九頁）。

（11）ベークマン（Issac Beekman: 一五八八―一六三七年）はオランダの医学者・数学者・技術者である。ライデン大学の神学部を卒業後、一六一八年にフランスのカーンで医学博士号を得て、同年にブレダで出会ったデカルトを自然学の方面で啓発した。この二人の交わりについては、次の文献に詳しい。近藤洋逸『デカルトの自然像』（岩波書店、一九五九年）第五章。ジュヌヴィエーヴ・ロディス＝レヴィス『デカルト伝』（飯塚勝久訳、未来社、一九九八年）第三章。

（12）まずホッブズが反論六において次のように述べている。

> というのも、突進してくるライオンについての恐怖というのは、その突進してくるライオンの観念（idea irruentis leonis）と、（そのような観念が心の中に生み出すところの、）われわれが逃走と呼んでいるあの動物的運動へと恐怖している者を導く結果（effectus）以外の何ものでありましょうか。さて、この逃走という運動は、思惟（cogitatio）ではありません。それゆえに残るところは、恐怖のうちには［怖れられる］ものの似姿から成っている思惟（cogitatio quae consistit in similirudine rei）より他の思惟はない、ということになります。（AT, VII, 182）

ここでもホッブズは、「ライオン」という物質的な像のみを観念すなわち思惟として捉えており、「逃走」という運動を引き起こす契機となる「ライオンに対する恐怖」という観念を認めようとしない。これに対してデカルトの方はたとえば次のように答えている。

> 私はしばしば私が、理性によって説得されるものそのものを、そしていかなる仕方であれ把握される他のものをも同じく、観念と命名する（nominare ideam）ということを、申し立ててきました。（AT, VII, 185）

そして、私はここで尋ねますが、どのような仕方でかの哲学者［ホッブズ］は、神の知性作用を外的なものから導き出されるのでしょうか。しかし、私がこの神の知性作用についてどのような観念を持っているかと申しますと、それを私は容易に、私は観念という言葉で何らかの把握の形相であるすべてのものを理解する（me per ideam intelligere id omne quod forma est alicujus perceptionis）、と述べることによって説明いたします。（AT, VII, 188）

ここでもデカルトは、先に述べた観念についての自分の定義を繰り返し述べることに終始している。

（13）このホッブズとデカルトの形而上学的な立場の違いについて、特にホッブズの第一哲学と認識論について手堅くかつコンパクトにまとめた論文として次のものがある。Yves Charles Zarka, 'First philosophy and the foundation of knowledge', in Tom Sorell (ed.), *The Cambridge Companion to Hobbes* (New York: Cambridge University Press, 1996), pp. 62-85.

（14）参考のため、デカルトが言及している観念の「質料的虚偽」に関わる議論を簡潔にまとめておく。デカルトは第三省察で二つの神の存在証明を行うが、その一つ目の証明を行う際に物体的なものの観念について吟味している。その作業のさなか、デカルトは次のように述べる。

というのも、本来虚偽と言われるもの、つまり形相的な虚偽（falsitas formalis）は、判断（judicium）の内にしか見出されえないと少し前に私は書き記しておいたけれども、しかしながら確かに、ものでないものをあたかもものであるかのように表現する場合には（cum non rem tanquam rem repraesentant）、観念の内には他の何らかの質料的な虚偽（falsitas materialis）があるのである。（AT, VII, 43）

つまり虚偽は本来判断において生じるものなのであるが、場合によっては観念そのものにおいても虚偽があることを指摘し、それを「質料的虚偽」とデカルトは呼んでいる。デカルトがここで具体例として挙げるのは、熱さと冷たさの観念（ideae caloris & frigoris）である。それらはほんの少ししか明晰かつ判明であるにすぎず、そのせいで冷たさは熱さの欠如なのか、あるいはその逆か、あるいは双方とも実在的な性質なのか、われわれには分からない。仮に冷たさが熱さの欠如でしかありえないのなら、冷たさを実在的で積極的な何ものか（reale quid & positium）として表現するような観念は、明らかに虚偽を含んでいることになる（AT, VII, 43-4）。このようなデカルトの論述を受けて、アルノーは次のように反論している。

というのも、積極的な観念によって表現されている（idea positiva repraesentari）と私が思いなしている、その冷たさが、積極的でないと仮想されえるとしても、しかし積極的な観念が、実在的で積極的な何ものをも私に表現しない（nihil reale & positivum mihi exhibere）と仮想されえないからであります。なぜならば観念は、それが思惟の様態として有している存在（esse quod habet tanquam modus cogitandi）によって、積極的であると言われるわけではなくて、というのも、それが理由であるとすれば、すべての観念が積極的であることになってしまうからです。しかし、その理由［積極的であるという］は、観念が有していて、われわれの精神に表示している、表現的存在（esse objectivum quod continent & menti nostrae exhibet）に由来するのです。それゆえに、その観念は冷たさの観念ではないということはありえても、偽ではありえないのです。（AT, VII, 207）

ここではアルノーは、観念が表示している表現的存在（esse objectivum）に依拠して、観念の質料的虚偽を否定している。表現的存在は積極的なものであって、欠如的なものを示しているわけではなく、その点では偽ではない。つまりデカルトは観念と判断とを混同している、とアルノーは指摘しているのである。この点についてデカルトはどう答弁しているだろうか。少し長くなるが、彼は次のように答えている。

というのも、観念そのものは、何かしらの形相であって、いかなる質料によっても構成されてはいない（ipsae ideae sint formae quaedam, nec ex materia ulla componantur）のですから、何らかのものを表現するという限りでは、観念が考察されるそのたびごとに、観念は質料的にではなくて、形相的に受け取られるのです（non *materialiter*, sed *formaliter* sumuntur）。しかしもし観念が、これやあれを表現しているということに応じてではなくて、ただ単に知性のはたらきであるということに応じてのみ、見られるとしたならば、それは質料的に受け取られている（materialiter sumi）と言われることが確かにできはするでしょう。しかしながらその場合、いかなる仕方によっても対象の真偽が顧慮されることはないでしょう。それゆえに、すでに私が説明した意味以外の意味で、観念が質料的に偽であると言われうるとは私には思えないのです。つまり、冷たさが積極的な事物であろうとも、あるいは欠如であろうとも、それゆえに冷たさについての別の観念を私が有するわけではなく、私のうちには、いつも私が持っていたのと同じ観念が留まっている（sed manet in me eadem illa quam semper habui）のであります。このような冷たさの観念そのものが、私に過誤の素材（materia: 質料）を、もし冷たさが欠如であって熱さよりも多くの実在性を有していないということが真であるとするならば、提供することになる、と私は言っているわけです。というのも、熱さと冷たさの観念の両方を、その両者を感覚によって私が受け取るところに応じて考察してみると、一方よりも他方がより多くの実在性を私に表示すると私は気付くことができないからです。(AT, VII, 232-3)

この引用箇所では観念というものを捉えるにあたっての二通りの仕方がまず確認されている。つまり、このものやあのものを観念が表現しているという点での、形相的(表現的)な捉え方、そしてもう一方は観念を知性の作用・はたらきとして見る、質料的な捉え方である。そしてこの質料的な捉え方においては、観念の対象となっているものの真偽は判断されない。そして問題の観念の質料的虚偽であるが、このときの「質料的」なる言葉は前述の「形相的/質料的」の用法とは異なるようである。というのもデカルトが例に挙げている、冷たさと熱さの観念の場合、結局この観念が冷たさを積極的なものとして表現しているのか、あるいは熱さの欠如として表現しているのか不明瞭(つまり明晰かつ判明ではない)であり、それゆえ過誤の素材(質料)を私の精神に提供していることになる。つまり観念の形相的(表現的)な側面が虚偽の機会を与えているということになろう。このように「観念」の「質料的虚偽」なる概念に対するデカルトの答弁は、あまり歯切れのよいものとはいえない。

この観念の「質料的虚偽」に関する研究論文としては、本章注(1)で挙げた文献に掲載されている、Lilli Alanen と Michelle Beyssade の論文を参照されたい。邦語の研究論文としては、次のものを挙げることができる。武藤整司「デカルトにおける「質料的虚偽」概念の検討」(『高知大学学術研究報告』第四一巻(一九九二年)人文科学、二五三―六四頁)。持田辰郎「デカルトにおける「質料的虚偽」と観念の精錬」(『名古屋学院大学論集 言語・文化篇』第一三巻第二号(二〇〇二年)、六九―八〇頁)。

(15) ガッサンディはデカルトの第五答弁に対して再反論している。それが一六四四年に刊行された、『形而上学探求(*Recherches métaphysique*)』である。また、ガッサンディとデカルト両者の哲学を比較検討して論じた浩瀚な書物として、次の文献がある。特にガッサンディの神学およびエピクロス主義的な原子論、そしてその両者の関係について詳しく論述されている。Margaret J. Osler, *Divine will and the mechanical philosophy* (Cambridge: Cambridge University Press, 1994). また、ガッサンディとデカルトの観念をめぐる論争についての研究論文として、次のものを挙げることができる。山田弘明「ガッサンディとデカルト」(『人文社会研究(名古屋市立大学教養部紀要)』第二一巻(一九七七年)、九七―一三七頁)。

(16) 周知の通り、ガッサンディはエピクロスの原子論的哲学を復興し、独自の原子論的唯物論を展開した(原子論とキリスト教の正統的教義との調停を試みた)。

（17）この第二省察後半部分の「蜜ロウの分析」は様々な視点から論じられている箇所である。たとえば、「理由の順序」において結論付けられたものについての対照検証（contre-épreuve）の箇所として、また感覚能力・想像力と知性的能力との区別・関係を論じている箇所として、あるいは実体／属性概念を論じている箇所として、さらに物体と精神との区別・関係を論じている箇所として。ただし本書では紙幅の関係上、この話題については論究しない。その代わりにこの「蜜ロウの分析」についての著名な文献を以下にいくつか挙げておく。M. Gueroult, *Descartes selon l'ordre des raisons* (2 vols., Paris: Aubier, 1968 (1953)), vol.1, Chapitre IV, § 3, pp. 127-49. J-M. Beyssade, 'L'analyse du morceau de cire', in Hans Wagner (hrsg.), *Sinnlichkeit und Verstand* (Bonn: Bouvier Verlag Herbert Grundmamn, 1976), pp. 9-25［この論文は、『現代デカルト論集Ⅰ　フランス篇』（デカルト研究会編、勁草書房、一九九六年）に訳出されている］. 香川知晶「精神の洞見と「実体」」（『理想』五八九号（一九八二年六月）、一七—二八頁）［この論文は、『現代デカルト論集Ⅲ　日本篇』（デカルト研究会編、勁草書房、一九九六年）に再録されている］。

（18）この三種類とは、周知の通り、「本有的な観念（idea innata）」、「外来的な観念（idea adventitia）」、「私自身によって作られた観念（idea a me ipso facta）」のことである（AT, VII, 37-8）。

（19）このことに関して、デカルトは第六省察においてたとえば次のように述べている。

> おそらく私が、私と極めて緊密に結合している身体を持っているとしても、しかし一方では、私が思惟するものであって延長するものではないという限りにおいて、私自身の明晰かつ判明な観念を持っており、他方では、身体が延長するものであって思惟するものではないという限りにおいて、私は身体の判明な観念を持っているから、私が私の身体から実際に区別されたものであって、身体なしに存在しうるということは、確実なのである。（AT, VII, 78）

第三章　デカルトの「分析」

序

前章まではデカルトの第一哲学の基本的性格を明らかにする手掛かりの一つとして、「観念」という言葉に注目しその意味内容について考察を重ねてきた。本章および次章では、デカルトの方法論において重要な役割を果たす他のいくつかの概念について考察する。周知の通りデカルトは、彼の形而上学においてあらゆる学が拠って立つところの確固不動な土台を見出し、その土台の上に他のすべての学問を築き上げようと意図した。そしてデカルトが彼の形而上学において、その土台となる第一の真理を見出すために用いたのが、いわゆる「方法的懐疑」をはじめとする彼独自の方法論であった。そこでまず本章では、彼の方法論を「分析」という言葉で捉え直し、その特徴を洗い出すという作業を行う。そして次章ではこの「分析」という概念と密接に関係する「明晰かつ判明」という概念を手掛かりにして、デカルトの「分析」理論の内実を明らかにしたい。これらの考察は本書第Ⅱ部においてデカルトの第一哲学を批判的に吟味するための準備となるだろう。

ここでは以下の議論の前準備として、デカルトの方法論を「分析（Analysis）」という言葉でもって捉え直すことについて簡潔に述べておく。デカルトの方法論というと『方法序説』（一六三七年出版）第Ⅱ部にある四つの規則や、生前公刊されなかった『精神指導の規則』（一六二八年頃執筆）も重要である。しかし本章では、『省察』（一六四一年初版）における方法論に焦点を絞っている。というのもまず一つ目に、『精神指導の規則』では『省察』においては疑いうるものとして斥けられる数学的知識が範とされており、彼の形而上学はまだ完成しているとは言えない。無論デカルトが彼自身の方法論を構築していく上で、数学的思考特に幾何学的解析法が重要な役割を果たしていることは否定できない(1)。また二つ目に、『方法序説』の段階ではデカルトの形而上学は一見したところ完成しているが、その叙述は非常に簡潔なものに終わっており、その具体的な内容を汲み取るには不充分である。

したがってデカルトが彼の形而上学を充分に開陳した『省察』において彼の方法論を論じるのが適切だろう。つまりデカルトは『省察』において本格的に、あらゆる学の「根」と位置付けている形而上学における第一原理を発見していくが、そのプロセスに注目し、そこにおいて実行されている「方法」を浮かび上がらせることが肝要である。そして『省察』においては、そこで用いられている「方法」を特徴づける用語として、デカルト自身が「分析」という言葉を使用している。この「分析」という用語は伝統的には、古代ギリシャの幾何学やアリストテレス流の三段論法と関わりの深いものではあるが、デカルトの言う「分析」はそれらにそのまま回収されるものではない。したがって本章では『省察』におけるこの「分析」について詳しく論じていくことにする(2)。そのことによってデカルト独自の「方法」が具体的に明らかになるだろう。

さて以下本章では次のような順序で論を進めていくことにする。第一節では分析と総合に関するデカルトの論述が現れている『省察』第二答弁末尾の箇所を、引用を交えつつまとめる。この箇所でデカルトは自身の方法を「分析」であると述べるが、その記述だけではまだ彼の「方法」の内実は充分に明らかとはならない。そこで第二節では、デカルトの「分析」という概念がどの程度伝統と関わりどの程度独自性を有するのかをより明瞭にするために、デカルトの同時代人のエウスタキウス（Eustachius a Sancto Paulo）の著作を一つ取り上げて分析に関する箇所の記述を簡潔にまとめる。ここではとりわけ伝統的なアリストテレス流の三段論法における「分析」がどのようなものであるかが明らかとなるだろう。続いてデカルトの「分析」の特徴を具体的に洗い出していくのが第三節と第四節である。第三節では、第一節で参照する分析と総合のデカルトによる定義に現れている「ア・プリオリ（a priori）」と「ア・ポステリオリ（a posteriori）」という用語にまつわる問題について論じる。(3) これらの用語を中世スコラ哲学的な意味で捉えてしまうと、実際にデカルトが実行している「方法」との間に矛盾が生じてしまうように思われるが、その問題を解決する手掛かりとして、ここでは『省察』における「私の把握に関する順序」というものに着目する。第四節では第三節での議論を踏まえて、第二節で言及したエウスタキウスのアリストテレス論理学の伝統における「分析」と対比しつつ、デカルトの「分析」という作業の独自性を浮き彫りにする。ここではデカルトの「分析」理論の典型的なものとして「方法的懐疑」を取り上げるが、その際に古代懐疑主義の学説とも比較し、彼の「方法的懐疑」という「分析」理論の特徴を明確にしたい。

第一節 『省察』第二答弁

「分析（analysis）」と「総合（synthesis）」に関するデカルトのある程度まとまった論述は『省察』第二答弁の末尾に見出すことができる。デカルトは第二反論での議論を受けて第二答弁の末尾に「神の存在と、魂が身体から区別されることとを証明する、幾何学的な様式で配列された、諸根拠」を付することになるが、この前にデカルトは自身の方法論について多少陳述している。以下では引用を交えつつこの箇所を詳しく見ていこう。

まずデカルトは幾何学的な叙述様式において順序（ordo）と証明の方法（ratio demonstrandi）とを区別する。

デカルトの言う「順序」は、次のような性質を有するものである。

最初に提示されるものが、後続するもののいかなる援助もなしに認識されねばならず、そして残りのすべてのものが、ただ先行するもののみによって証明されるように、そういうふうに配列されていなければならない。（AT, VII, 155）

順序とはこのような条件においてのみ成立するものである、とデカルトはみなしている。そして彼は『省察』において自分はこの順序にできる限り厳格に従った、と述べている。その証拠としてデカルトは、自分が身体からの精神の区別を第二省察ではなく第六省察において取り扱ったことを挙げている[4]。

他方証明の方法についてデカルトは、それは二様であって、つまり「分析」によるものと、「総合」によるものがあると述べる。デカルトによれば「分析」とは次のことである。

分析とは、それを通って事物が方法的に、そしていわばア・プリオリに発見された、真なる途（vera via per quam res methodice & tanquam a priori inventa est）を示すものであって、のみならず、読者がその途に従い、そしてすべてに充分に注意するようにしたいと思うならば、自分自身で事物を見出した場合に劣ることなく、事物を完全に理解し自分のものとするだろう。（AT, VII, 155）

そして他方の総合とはデカルトによれば次のことである。

総合とは、逆に正反対のいわばア・ポステリオリに（a posteriori）問われた途を通って（しばしば証明そのものは分析においてよりはこの総合においての方が一層ア・プリオリであったりするが、それにもかかわらず）、確かに明晰に結論されたところのものを証明するものであって、定義、要請、公理、定理、および問題の長

い連鎖を用いる。(AT, VII, 156)

デカルトはこのように分析と総合について簡潔に述べたあとで、「私は実際のところ、教えるために真でかつ最良の途である分析のみを、私の省察においては遵守した」(同上)と宣言している。

この『省察』における「分析」が具体的にどのようなものであるかはあとで論じるが、それではなぜ「総合」という方法が採用されなかったのか。デカルトは「総合」という形式こそ、反論者たちの求めているものだと認めていて、総合は「幾何学的な事柄においては分析のあとに最も具合良く置かれる」(同上)と指摘している。しかしながら総合に関しては、「形而上学的な事柄に対しては、総合はそれほど都合良く適用されえない」(同上)と述べている。ここでは幾何学的な事柄と形而上学的な事柄が明確に区別されている。その違いはというと、まず幾何学的な事柄を証明するために前提とされている「第一の概念(prima notio)」は、諸感覚の使用に合致しているので、容易に誰にでも承認される(同上)。これに対して、「実にこの形而上学においては、いかなる事柄にもまして、第一の概念を明晰かつ判明に把握するということこそ、骨の折れることなのである」(AT, VII, 157)。ここでの形而上学における第一の概念とは、感覚的な先入見とは一致しないものであり、よって極めて注意深くて思慮深い、物体的な事柄からできるだけ精神をそらす人々によってしか、完全に認識されないものである(同上)。

以上が、デカルトが(スコラ)哲学者たちのように討議を、あるいは幾何学者のように定理と問題とをではなく、むしろ「省察」を書いた理由である。つまり(デカルトが構築しようとする)形而上学における第一の概念の明晰かつ判明な把握のために最も効果的であるのは、反論者たちが望んだような総合という方法による論証ではなく、「分析」という方法に則った「省察」という叙述なのである。またデカルトが「分析」

という方法を採用したもう一つの重要な理由はやはり、先にも述べられていたように、感覚的・物体的なものから精神を引き離すための最良の方法が分析であったからであろう。(5) デカルトは「逆に私が読者の心をそこからそらせておきたいと望んだのは他ならぬ、決して充分に吟味されず、いかなる確固たる根拠によっても汲み出されていない、ただ感覚のみによって汲み出されるところのものである」(AT, VII, 158)、という風に読者に念を押している。

さてデカルトは分析と総合に関して上述のように陳述しているが、その叙述は内容に乏しく不充分であることは否めない。次節ではデカルトの分析と総合の輪郭をより明瞭に浮かび上がらせるために、デカルトの同時代人の著作を一つ取り上げてみたい。

第二節　『四つの部門から成る哲学叢論』

デカルトが彼の形而上学を構築しようとした動機の一つに、彼にとっては煩瑣で真理の探究にとっては役に立たないと思われた、伝統的なスコラ哲学の打破が挙げられる。しかしながら周知の通り、デカルトは学院でスコラ哲学を学んでおり、彼の思想形成にあたっても少なからぬ影響を与えていると考えられる。よって本節ではデカルトがどの程度伝統的なスコラ哲学と関わり、どの程度それとは異なる独自性を有しているのかを見て取るために、デカルトと同時代のあるスコラ哲学者の著作を取り上げることにする。

ここで取り上げることになるのは、エウスタキウスという人物の『四つの部門から成る哲学叢論（原題：*Summa philosophica quadripartita*）』（以下『叢論』と略記する）という書物である。(6) この著作の初版は一六〇九年にパリで出版され、一七世紀の前半に広く用いられた教科書である。デカルトもこの著作を「今まで出版されたこの手の本［伝統的なスコラ哲学の教科書］の中では最良である」（AT, III, 232）と評価している。デカルトはこの著作をデカルト自身の哲学大系の提示と一緒にして再出版しようと計画していたらしく（のちに『哲学原理』として刊行した）、それはデカルト自身の立場が正統派のスコラ主義と比較してどのようなものであるのかを証示するためである。以下ではこの著作の中の分析に関する叙述を簡単にまとめ、次節以下（特に本章第四節）での議論の参考にしたい。

さて『叢論』は題名通り四つの部門から成るのであるが、以下で参照するのは第一部門すなわち論証学（dialectica）・論理学に関する部門の中の一節である。[7] まず一般に各々の学においては次の二つのことが考慮される。それはつまり問題（quaesitum：たとえば「神は存在するかどうか」という神学的問題）と問題の展開・説明（explicatio）に付随する中項（medium：この場合、問題の肯定や否定を証明する際に用いる根拠・理由）である。そして諸々の問題が相互に、また諸々の中項が相互に、あるいは中項と問われている順序（ordo）の理由（ratio）とが比較されうるので、いかなる学問においてもある三重の順序[8]が遵守されるべきだとされる。さらにそれら三重の順序のどれにおいても、次の三重の方法が見出される。すなわち、解析的方法（Resolutiva methodus）、構成的方法（Compositiva methodus）、定義的方法（Definitiva methodus）である。

以下では特に「分析」という方法について詳しく見ていこう。そもそも解析の方法もしくは順序（methodus sive ordo resolutionis）は分析と呼ばれ、次のような四つの仕方がある。まず一つ目は、全体から、始まる部分と呼ばれる個々の部分へと進行する仕方である。これは（エウスタキウスによれば）たとえば、まず三段論法全体について言い、次いでそれが基づいている部分を、すなわち命題と名辞・項（terminus）を説明するような仕方である。二つ目は、普遍からその個々の特殊例（species）へと分解する仕方である。これは（エウスタキウスによれば）たとえば、まず三段論法について一般的に論究し、次いでその個々の特殊例を、すなわち指定された具体的な三段論法を説明するような仕方である。三つ目は、結論がその第一原理へと分解されるような仕方であり、この方法は証明において特に数学者たちにとって周知の方法であるとされる。これは（エウスタキウスによれば）具体的には、精神の活動は弁証法によって整えられるという理由に拠って、弁証法が有益であると証明したり、また精神の活動は時々誤りうるという理由に拠って、精神の活動は整えられうると証明したりするような仕方である。そして最後に、目的から中項へと逆行する仕方である。これは（エウスタキウスによれば）たとえば、弁証法の目的はある学を完全に把握することであるが、しかしそのことは理由の正当な推論（discursus）なしには生じえず、実際にこの推論は諸々の言明に依存しており、しかしあらゆる言明はその名辞・項から成っており、そしてそれゆえに名辞・項の単純な把握から始められるべきであり、そのようにして漸次そのあとに続くものを通じて進むことによって、（目的である）最終の命題へと達せられるべきである、と予見するような仕方である。このような（目的である）最終の命題から中項へ、さらに第一の要素までへの、理由のより前にという逆行は、分析あるいは解析の秩序によって遂行されるのである。

以上が『叢論』における分析の四つの仕方である。[9] ここでの分析の記述は、エウスタキウスによる具体例にも現れているように、伝統的なアリストテレスの論理学つまり三段論法と深い関わりがある。特に自分で諸々の推論を作り出すために必要となる中項（原因・理由）の発見ということに関わりがある。[10] このことは先述の『叢論』における分析の一つ目と四つ目の具体例に見て取ることができる。つまり推論を成立させている根拠・原因となる中項の発見のために、言明・命題を名辞・項へと分解していくことがここでの分析である。このようなエウスタキウスの分析とデカルトの分析との関連性と差異については本章第四節で論じることにする。

それでは次節以降で、本章第一節で引用したデカルトの分析について具体的に詳しく検討していくことにしたい。

第三節　「ア・プリオリ」と「ア・ポステリオリ」

本節と次節ではデカルトの分析についての論究をさらに深めていくことになるが、本節では本章第一節での引用文中に現れている「ア・プリオリ」と「ア・ポステリオリ」という用語について詳しく論じていくことにしたい。先に見たようにデカルトは分析に「ア・プリオリ」という言葉を、総合に「ア・ポステリオリ」という言葉を用いている。この「ア・プリオリ」と「ア・ポステリオリ」という言葉はデカルトが生きていた一七世紀当時はどのような意味で用いられていたのであろうか。たとえばデカルトの『省察』の反論と答弁を仏訳したクレルスリエは分析の箇所を次のように訳している。(11)

分析は、それを通って事物が方法的に発見された、真なる途を示し、かつどのように結果が原因に依存しているか（comment les effets dépendent des causes）を見せしめるものである。（AT, IX-1, 121）

さらにクレルスリエは総合の箇所に関しては、次のように訳している。

総合は逆にまったく別の途を通って、そして原因をその結果によって吟味する（en examinant les causes par leurs effets）ように（総合が含んでいる証明はしばしばまた原因からの結果であるにもかかわらず）、確かにその結論に含まれるところのものを明晰に証明する。（AT, IX-1, 122）

このようなクレルスリエの訳からすると、「ア・プリオリ」とは原因から結果への、「ア・ポステリオリ」とは結果から原因への方向性を有していることになる。このようなア・プリオリとア・ポステリオリの捉え方は、デカルト自身も彼の同時代人と同じく、採用している見方である。たとえば、『世界論』の一節に次のような叙述がある。

> したがってこれらの真理とわれわれの規則から導き出される帰結を充分に吟味される方々は、結果をその原因によって認識すること（connaître les effets par leurs causes）、学校用語《スコラ》を使って説明するならば、この新しい世界のうちに見出されうるすべてのことについて、ア・プリオリな証明を得ることができるだろう。（AT, XI, 47）

ここでも「原因から結果へ」という言葉がスコラ用語としての「ア・プリオリ」に言い換えられている。[12]

しかしながら以上のようにア・プリオリを原因から結果へと捉え、他方ア・ポステリオリを結果から原因へと捉えると、『省察』の叙述においては明らかにある矛盾が生じるように思える。というのも、たとえば第一省察の方法的懐疑を経て第二省察で「私はある、私は存在する（*Ego sum, ego existo*）」という第一原理を獲得する過程は、デカルトの分析の作業の最も典型的なものであると考えられるのだが、一見すると結果から原因へという方向性を有していると思われるからである。また第三省察における二つの神の存在証明もデカルトの分析の作業の一例であるのだが、ここでは結果としての神の観念から原因としての実在する神へと議論は進んでいるように思われるからである。

このような問題はいかにして解決されるであろうか。一つの手掛かりになりそうなのが、『省察』が「私の把握[13]に関する順序・秩序（ordo ad meam perceptionem）」に従って書かれている、ということである。

デカルトは『省察』の本文に入る前の「読者への序言」において、『方法序説』に対して加えられた反論の中で答えるに値する二つの点について述べている。[14]その第一点は、自己へと向けられた人間精神が自分自身を思惟するものより他のものであるとは把握しないということからは、人間精神の本性あるいは本質はただ思惟するものであるということにのみ存するということは帰結しないのではないか、という反論である。しかもこの場合「ただ〜のみ（tantum）」という言葉が、ひょっとするとまた魂の本質に属すると言われうるその他のすべてのものを排除するという意味であれば、なおさらそのようなことは帰結しないのでは、という反論である。このような反論に対してデカルトは次のように答えている。

このような反論に対して私は次のように答える。それはつまり、私はまたそこで事物の真理そのものに関する順序・秩序において（in ordine ad ipsam rei veritatem）それらのものを排除しようと欲したのではなく（事物の真理についてはあいにくその時論じたのではない）、しかしただ単に私の把握に関する順序・秩序において（in ordine ad meam perceptionem）のみ排除しようと欲したのであり、特に上述の意味は、私の本質に属していると私が知るものの何ものをも、私が思惟するものであるということや、あるいは私は自らのうちに思惟するはたらきを有するものであるということを除いては、私はまったく認識していない、ということである。（AT, VII, 8）

このようなデカルトの回答から明らかになるのは、『方法序説』の特に第Ⅳ部における論述は、事物の真理に関する順序・秩序に従って書かれたものではなく、私の把握に関する順序・秩序に則って叙述されたものであるということである。そしてさらに『方法序説』の第Ⅳ部、すなわち形而上学に関わる議論を深めたものである『省察』もこの同じ私の把握に関する順序・秩序に従って書かれている、ということが明らかになる。つまりもし『省察』が事物の真理に関する順序・秩序に則って書かれたのであれば、神の存在から「私」の存在へ、さらには物体的事物の存在へと論証が進められるであろう。しかし周知の通り、実際の

『省察』の流れは『省察』本文の議論から明らかなように、まず方法的懐疑を通して疑っている「私」にとって、最初に最も確実な疑いえないものとして「私はある、私は存在する」が知られる、ということから始まっている。[15] すなわち「私」の存在から神の存在へ、そして物体的事物の存在へと議論は進んでいる。

さて前段落では、デカルトが分析と総合とを定義する際に現れる「ア・プリオリ」と「ア・ポステリオリ」という用語がある矛盾を引き起こしているのではないか、という疑念に対する解決の一つの手掛かりとして、「順序」という点に注目し論じてきた。このような「順序」という視点を考慮することで前述の矛盾は十全に解消されるのだろうか。確かに先述したように、『省察』は神の存在から「私」の存在へ、さらに物体的事物の存在へという存在理由の順序に則って叙述されているのではなく、「私」の存在から神の存在へ、さらに物体的事物の存在へという認識理由の順序に従って叙述されている。つまりは認識論的により前なるものから（a priori）、すなわち認識論的に原因となるものから叙述が遂行されているのは確かであろう。

しかしそれは「分析」という作業を遂行することの結果並べられた順序であって、「分析」という作業そのものが認識論的により前なるものから（a priori）始められたというわけではない。たとえば第一省察から第二省察にかけての、認識論的に第一の真理とされる「私はある、私は存在する」を発見するまでの分析の作業においては、感覚から得られるものや数学的真理などのどれが認識論的により前なるものであるのかは判然としない。第二省察後半の蜜ロウの分析などでも蜜ロウの色や匂いや形などがその分析の対象になるのだが、これらに関しても、認識論的により前なるものから分析がなされている、と断言することはできないだろう。[16]

以上のように「ア・プリオリ」という用語は、「分析」という作業そのものに適用されるというよりも、その作業の成果・目標（認識論的により先なるものから学知が構成されていかねばならないという目標）に関して適用されるものであると推察できる。よって「分析」という作業そのものを特徴付けるのは「ア・プリオリ」という言葉ではないと考えられる。それでは「分析」という作業そのものを特徴付けるのは一体何であろうか。次節ではこの点について考察しよう。

第四節　「分析」の基準

前節での「ア・プリオリ」と「ア・ポステリオリ」にまつわる問題を究明していく過程で、『省察』という書物が「私の把握に関する順序・秩序」に則って叙述されているということが確認できた。本節ではそれを踏まえた上で、「分析」という作業そのものの特徴を明らかにしていきたい。分析の作業は前節末尾で触れたように『省察』の中に数ヶ所あるが、ここで考察の対象にしたいのは、『省察』において一番重要な認識理由の順序において最初のものである「私はある、私は存在する」が見出されることになる、第一省察から第二省察にかけての方法的懐疑の過程である。

しかしながら方法的懐疑の過程を具体的に見ていく前に、まずしばしば分析の定義と称されている『方法序説』第Ⅱ部の四つの規則の中の第二規則を簡単に見ておきたい。デカルトは『方法序説』第Ⅱ部において真なる学問を構築する作業に必要となる方法を提示するのだが、それは四つの規則によって表される。本章の議論に関わるのはその中の第二規則であり、次のようなものである。

> 第二に、私が吟味する難解な問題の各々を、できるだけ多くの、かつその問題をよりよく解決するために必要とされるだけの数の、部分に分割する（diviser）こと。（AT, VI, 18）

このように問題をその部分に分割することというのは、本章第二節でみたエウスタキウスが述べている分析と似通っている。特に分析の一つ目のものである、全き全体から始まる部分と呼ばれる個々の部分へと進行する仕方と似通っている。

先に指摘したように、エウスタキウスの述べている分析はアリストテレス以来の三段論法との関係が深い。しかしデカルトは『方法序説』第Ⅱ部の四つの規則が現れる前の箇所で三段論法はものを学ぶためには役に立たないと述べているし（AT, VI, 17）、何より「私はある、私は存在する」という第一原理は三段論法に関わることによって得られるものではないとデカルトは明言している。たとえば『省察』第二答弁でデカルトは次のように述べている。[17]

> また誰かが「私は思惟する、ゆえに私はある、あるいは私は存在する」と言う時には、彼は［自らの］存在を思惟によって三段論法を通じて演繹したのではなく、あたかも自ずから知られたものとして精神の単純な直観によって（simplici mentis intuitu）認識するのであり、このことは、もし［自らの］存在を三段論法を通じて演繹するとするならば、それに先立ってその大前提として「思惟するすべてのものはある、あるいは存在する」を知っていなければならなかっただろう、ということからして明らかである。さてしかし確かにむしろ［自らの］存在を彼は、存在することなしには思惟することはありえない、ということを自らにおいて経験することによって、学び知る。というのも一般的命題を個別的な思惟から形作るということが、われわれの精神の本性なのだから。（AT, VII, 140-1）

このように少なくともデカルトの意図としては、「私はある、私は存在する」という第一の真理を得るのは三段論法による演繹によってではない、と考えられる。[18] しかしそこに至るまでの方法的懐疑の過程において、問題をその部分に分割するということは行われていないのだろうか。行われているとすればそれはエウスタキウスのような分析とは異なるのか、それとも異ならないのだろうか。

そこで上記のような疑問に答え方法的懐疑の過程における分析の独自性を明瞭に見て取るために、その方法的懐疑の過程そのものを以下で簡潔に見ておくことにする。[19] 最初に分析の対象となるのは感覚から得られる知識である。しかしデカルトは「これら感覚は時々欺くということに私は気付いており、われわれを一度でも欺いたことのあるものを決して全面的には信用しないことが、分別のあることである（AT, VII, 18）」という理由でこれを拒否する。これに加えてデカルトは「覚醒と睡眠とを区別しうる確実なしるしはまったくない」（AT, VII, 19）と断定することによって、身体的内部感覚に関わる意見も事実に対応しない偽なるものとし、現実はすべて夢であるという想定がなされることになる。

さらにデカルトは、複合された事物についての学問を疑わしいとし、最終的には分析の対象は数学的真理にまで及ぶことになる。この数学的真理の分析の際に、デカルトは「すべてをなしうる神が存在して、この神によって現に存在しているようなものとして私が創造された、という古い意見が私の精神に刻み付けられている」（AT, VII, 21）と述べ、この意見に基づいて、数学的真理についてさえも疑いを差し挟むことになる。

このような一連の分析によって次のことが明らかになる。

かつて真であると私が考えていたもののうちには、それについて疑うことが、それも無思慮や軽率によってではなくて強力で考え抜かれた理由によって疑うことが許されていないようなものは何もなく、それゆえにまたそれらに対しても、何か確実なものを私が見付けたいと欲するならば、明らかに偽なるものに対するのに劣らず、気を付けて同意を差し控えるべきである、と認めざるをえない。（AT, VII, 21-2）

そして第二省察においてこのような分析の作業の結果「私」にとって発見されるのが、「私はある、私は存在する」という第一原理である。つまり「「私はある、私は存在する」というこの命題は、私によって述べられ、または精神によって捉えられるたびごとに必然的に真である、と定められるべきである」（AT, VII, 25）と宣言される。

それではこのような方法的懐疑の過程における分析の作業の独自性はどこに見出されるのであろうか。結論から先に言うと、それは言うまでもなく対象を分析していく際の「基準」である。

この基準は第一省察において具体的な分析の作業が行われる前に記されている。それはつまり「まったく確実で不可疑である、というものではないものに対しても、明らかに偽であるものに劣らず、気を付けて同意を差し控えるべき」（AT, VII, 18）であって、また「それらの意見のすべてを拒否するためには、何か疑う理由を各々の意見のうちに見出すならばそれで充分である」（同上）という基準である。

このような基準を取り入れたデカルトの分析は、本章第二節で見たようなエウスタキウスの分析、つまり様々な命題の連関から中項を発見するというものとは明らかに異なる。単に疑うために疑う懐疑ではなく、第一原理を発見するためのものとして、「確実かつ不可疑」という基準をデカルトは分析に取り入れたということになろう。そしてこの基準を用いてこれまで得てきた様々な知識・意見を「分割（分析）」していくことによって、デカルトは彼の望む第一の真理を獲得しようとしたことになる。

このようなデカルトの分析理論の特徴は、古代懐疑主義における「無動揺（ἀταραξία: アタラクシア）」を得るための懐疑論と比較するとより明瞭になる。哲学史上最初の本格的な懐疑論者とされるのはエリスのピュロン（紀元前三六五—二七〇年頃）だが、このピュロンの懐疑主義を引き継ぐ人物として古来有名なのが、アイネシデモス（紀元前一世紀頃）とアグリッパ（紀元二世紀頃）である。これらの人物の教説はセクストス・エンペイリコス（紀元二—三世紀頃）の『ピュロン主義哲学の概要（ΠΥΡΡΩΝΕΙΩΝ ΥΠΟΤΥΠΩΣΕΩΝ）』第I巻第一四章と第一五章に記されており、[20] デカルトの方法的懐疑との比較のために、それらを簡潔に要約して参照しよう。

アイネシデモスは、人々をエポケー（ἐποχή: 無断定・判断保留）へ導くための主要な論証を整理して一〇項目にまとめた。それは「エポケーの一〇の方式（τρόποι）」と呼ばれている。[21] たとえば第五のものとして挙げられているのは、「置かれ方と隔たりと場所に基づく方式（ὁ τρόπος παρὰ τὰς θέσεις καὶ τὰ διαστήματα καὶ τοὺς τόπους）」というものである。この議論において例として言及されているのは、同じ塔が、遠くからは丸いものとして、近くからは四角いものとして現れたり、同じオールが、水中では折れ曲がって現れるが、水の外ではまっすぐのものとして現れたりする、という事象である。これと似たような例は、デカルトも第六省察において言及している（AT, VII, 76）。アイネシデモスはこれらの例から、「およそ現れるものはすべて、何らかの場所で、何らかの隔たりから、何らかの置かれ方によって観取されるのであり」（五九頁）、「それらの各々に基づき表象に多大の相違が生じるのであるから、これらの方式によってもまた、われわれは判断保留に到達せざるをえないことに」（五九—六〇頁）なる、という結論を導き出す。アイネシデモスが用いる懐疑はデカルトと異なり判断保留に達するためのものにすぎない。

さらにアグリッパにおいても、彼が考案したものとして「エポケーの五方式」というものを挙げることができる。[22] たとえば第二のものは「無限遡行に投げ込む方式（ὁ τρόπος εἰς ἄπειρον ἐκβάλλων）」である。これは問題となっている物事を確信させるために持ち出されたものが、また別の確信させるものを必要とし、さらにこの後者のものもまた別の確信させるものを必要とする、というようにして無限にさかのぼり、結果としてどこから議論を始めればいいのか分からなくなって判断を保留することになる、というものである。アグリッパの場合は無限遡行に陥るということから判断保留へと落ち着くことになるが、デカルトの場合は先に指摘した「確実かつ不可疑」という分析の基準を用いることにより方法的懐疑を進め、最終的にはそれ以上さかのぼることのない第一の真理へ到達することになる。

結　語

本章では以上のような考察により、デカルトは『省察』において「私の把握に関する順序・秩序」に従っている、ということが明らかになった。さらにその順序に従いつつ、「確実かつ不可疑」という「基準」を有する独自の「分析」によって、彼が必要とする第一原理を発見したことが判明した。特にデカルトが形而上学的な叙述において、私の把握に関する順序に従っているという点は、デカルトの時代以降哲学において顕著となる「認識論的転回（epistemological turn）」[23]を確認する上で重要である。ここで言う「認識論的転回」とは、デカルトたちが活躍した近世以前、哲学において主要な関心事であった存在論（「何が存在するのか?」）よりも、認識論（「われわれは何をどのように認識するのか?」）が哲学における主要な話題となった事態のことである（無論、デカルト以前の哲学に認識論がなかったわけではない）。この事態は周知の通り、カントの『純粋理性批判』（一七八一年）をもって一つの頂点に達するが、デカルト自身の言葉に即して言うと、事物の真理に関する順序ではなく、まさに私の把握に関する順序に従うということである。

さて次章では本章で明らかになった「確実かつ不可疑」という分析の基準の独自性を明らかにするために、デカルトの術語としてはあまりにも有名な「明晰かつ判明」という語句に焦点を当てて考察を進めていく。

[注]

（1）デカルトの方法論と幾何学的解析法との関係については本書では紙幅の関係上論じなかった。この点に関しては以下に挙げる文献などで詳しく論じられている。J. Hintikka, 'A Discourse on Descartes's Method', in M. Hooker (ed.), *Descartes: Critical and Interpretive Essays* (Baltimore: Johns Hopkins University Press, 1978), pp. 74-88. この論文ではデカルトの「分析」という概念が古代ギリシャの幾何学において用いられていた「分析」（特にパッポスのそれ）にまでさかのぼって論じられている。デカルトの「分析」と古代ギリシャの幾何学における「分析」に共通するものとして、ヒンティッカは「知られている要素と知られていない要素の間の機能的な依存関係を体系的に研究するものとしての分析」を挙げている。J. Etchemendy, 'The Cartesian Circle: Circulus ex tempore', *Studia Cartesiana*, vol. 2 (Amsterdam: Quadratures, 1981), pp. 5-42. この論文は題名どおり、いわゆる「デカルトの循環」を扱ったものであるが、その議論の途中でデカルトの分析的方法について論じている箇所がある（pp. 21-9）。そこでは、「デカルトの方法的懐疑の目的は認識論的に最も不都合な状況においてさえも真であり続ける信念を発見することである」という主張がなされ、そのような「認識論的に最も不都合な状況」を数え上げ、考察することがデカルトの分析的方法の主要な点だと主張されている。福居純『デカルト研究』（創文社、一九九七年）第一章第二節。佐々木力『近代学問理念の誕生』（岩波書店、一九九二年）第一章第二節。なお古代ギリシャの幾何学的解析法に関しては、次の文献において詳細に論じられている。マイケル・S・マホーニィ『歴史における数学』（佐々木力編訳、勁草書房、一九八二年）第二章。

　またさらに、今回扱った「分析」と「総合」という用語は、『省察』と『哲学原理』との関係を特徴付けるものとして論じられることも多い。このことに関しては次の文献を参照。D. Garber and L. Cohen, 'A Point of Order: Analysis, Synthesis and Descartes's *Principles*', *Archiv für Geschichte der Philosophie*, Bd. 64 (1982), pp. 136-47 [reprinted in G. Moyal (ed.), *Descartes: Critical Assessments* (4 vols., New York & London: Routledge, 1991), vol. 1, pp. 248-58]. E. Curley, 'Analysis in the *Meditations*: The Quest for Clear and Distinct Ideas', in A. O. Rorty (ed.), *Essays on Descartes' Meditations* (Berkeley: University of California Press, 1986), pp. 153-76.

（2）デカルトの「分析」を論じるにあたって、まとめると次の三つの主要な論点があると考えられる。一つ目は本章注（1）で言及したように古代ギリシャの幾何学の伝統における「分析」。二つ目はアリストテレス的な論理学の伝統における「分析」。三つ目は古代ギリシャ以来の懐疑主義との関係である。一つ目に関しては本章注（1）で述べた通りである。二つ目に関しては、本章第二節と第四節において詳しく論じることになる。三つ目に関しては、哲学史的な観点からの議論は本章第四節末尾で少し触れることにする。なおデカルトの「分析」概念と懐疑主義の伝統との関係については次の文献に詳しい。リチャード・H・ポプキン『懐疑：近世哲学の源流』（野田又夫・岩坪紹夫訳、紀伊國屋書店、一九八一年）。

（3）本章で言及する「ア・プリオリ」と「ア・ポステリオリ」という用語は独特のものである。本章第三節の議論、また本章の注（11）を参照。

（4）周知の通り第二省察においては、特に後半部分の「蜜ロウの分析」によって、まず「思惟する私」にとって「私」が「精神（mens）」であるということが容易にかつ明証的に把握される、ということをデカルトは明らかに認識する。この段階では、「私」の本性が「思惟するもの」であること、そして物体よりも精神のほうが「私」にとって容易に知られる、ということしかデカルトは認めていない。そして神の存在が証明されたのちの第六省察において初めて、精神と物体が実体として異なることをデカルトは論証する。

（5）このような感覚的・物体的なものから精神を引き離すための最良のものとしての「分析」が実行されているのは、周知の通り、第二省察後半の「蜜ロウの分析」である。これについては、本書第I部第二章の注（17）を参照されたい。

（6）以下の説明に関しては、次の文献を参考にした。Roger Ariew, John Cottingham and Tom Sorell (eds.), *Descartes' Meditations Background source materials* (Cambridge: Cambridge University Press, 1998), p. 68. ちなみにエウスタキウスは一五七七年に結成されたシトー会（ordre religieux de Cîteaux）一派のフイヤン（Feuillant）修道会員で、パリ神学大学（Sorbonne）の哲学教授であった。一六四〇年に死去。

（7）残念ながら『叢論』の原典を入手できなかったので、以下の記述は次に挙げる文献に掲載されていた『叢論』原典からの抜粋（ラテン語）から訳した。Étienne Gilson, *Index Scolastico-Cartésien* (Paris: Vrin, 1979 (1913)), pp. 182-3.

（8）これら三重の順序とは具体的には次のようなものである。最初に、数多くの問題相互に関しては、より前のもの（prius）がより前の場所に置かれ、先立つものなしには理解されえないよりあとのもの（posterius）がよりあとの場所に置かれる、という順序である。次に中項相互に関しては、ある事柄を証明するために複数の中項が足りている時には、証明される事柄により近いもの（vicinius）がより前の場所に適用され、より遠いもの（remotius）がよりあとの場所に適用される、という順序である。最後に問題に対する中項に関しては、より前の問題にはより前の中項が、よりあとの問題にはよりあとの中項が対応する、という順序である。

（9）参考のために「総合」の四つの仕方も以下で簡潔に見てみることにする。基本的には「総合」の仕方は「分析」の仕方をまったく逆方向に行うものである。実際に、分析すなわち分解（divisio）に対しては、総合すなわち構成（compositio）が対置されるとされ、解析の方法が四つの仕方でなされうるのに応じて、構成の方法もそれと反対の仕方ではあるが四つの仕方でなされるものである。まず一つ目は、構成的あるいは始まりの諸部分から全き全体へと進行する仕方である。これは（エウスタキウスによれば）たとえば弁証法をそれの第一の構成要素、すなわち単純な名辞・項から、その名辞・項から成る命題へと前進するような仕方である。二つ目は、最も特殊なものから従属するものを通じて最も一般的なものへと進行する仕方である。このような総合の仕方は教示的なある学問においてよりも発見的なある学問において役立つにふさわしいとされる。三つ目は第一原理から介在するものを通じて最終的な結論に至るまで進行する仕方である。四つ目は中項から目的へと前進することである。

（10）アリストテレス『分析論前書』（『アリストテレス全集1』（出隆監修、山本光雄編、岩波書店、一九七一年）所収）第I巻第二七―三一章を参照。

（11）以下の引用箇所に関しては、次の文献において注が付されている。Ferdinand Alquié（éd.）, *Descartes: Œuvres philosophiques*（3 vols., Paris: Garnier, 1963-73）, vol. 2, p. 582. ここでアルキエはクレルスリエが「ア・プリオリ」と「ア・ポステリオリ」という表現に、それらが中世以来、一七世紀にも有していた哲学的意味を付与してしまっている、すなわちア・プリオリな論証とは原因から結果へと、原理から帰結へと進むものであり、ア・ポステリオリな論証とは結果から原因へ、帰結から原理へとさかのぼるものである、というような哲学的意味を付与してしまっている、と指摘している。しかしアルキエは、実際は「分析」は結果から原理へとさかのぼっており、逆に「総合」は原理から帰結へと進んでいる、とも指摘する。よってクレルスリエによるテクストは不可解なものになってしまう。したがってアルキエはこのクレルスリエの訳に執着するのではなく、むしろ「分析」はまず何よりも「発見（découverte）」ということに対応している、という点に注目すべきだと強調している。また、次の『省察』の英訳においても「分析」の箇所に注が付されている。John Cottingham, Robert Stoothoff and Dugald Murdoch（eds.）, *The Philosophical Writings of Descartes*（2 vols., Cambridge: Cambridge University Press, 1985）, vol. 2, p. 110. ここでは次のように述べられている。「この箇所でのア・プリオリという言葉のデカルトの使い方は、近代的な、ライプニッツ後の意味（ア・プリオリな真理は経験とは独立に知られるものである、というような）にも対応しておらず、中世的な、トマス的な意味（ア・プリオリな論証は原因から結果へと進む、というような）にも対応していない。分析はあたかもア・プリオリに進む、とデカルトが言う時に彼が意味しているかもしれないことは、分析は認識的に（epistemically）より前なるものから、つまり省察する人が従う発見の順序においてより前なるものから始まる、ということである」。

（12）すでに本書第Ⅰ部第一章の注（6）で言及したように、この『世界論（*Le Monde*）』は一六三二―三年頃には一応の完成をみていたのであるが、ガリレオの『天文対話』出版に伴う、一六三三年の一連のガリレオ裁判の影響もあり、デカルトの生前には公刊されなかった。この書はある種の粒子仮説の立場からデカルトの自然学を体系的に論じたものであり、寓話（la fable）の体裁を取って世界・宇宙の生成を説いたものである。引用した箇所は第七章の末尾の部分である。この第七章は、のちの『哲学原理』第Ⅱ部で詳細に述べられることになる、諸々の自然法則について言及がなされている箇所である。この引用箇所で用いられている「ア・プリオリ」という用語は、本章の議論を先取りして言えば、「私の把握に関する順序」においてではなく、「事物の真理に関する順序」における「ア・プリオリ」であると解することができよう。

（13）ここで「把握」と訳した単語はラテン語の「perceptio」である。たとえばこの単語は現代英語では「perception」に相当するものであり、通常は「知覚」と日本語訳される。ただし、この「知覚」という日本語は、通常「五感を通して感覚すること」を意味する場合が多い。デカルトは「perceptio」という用語を、五感を通した感覚を意味する場合にも用いるが、それに加えて概念的なものや命題的なものを精神が捉えるときにもこの用語が使われる。したがって本書ではラテン語の「perceptio」あるいはそれに相当する欧語を「把握」と訳する。それに加えて動詞「percipere」を「把握する」と訳する。

（14）第二点については、すでに本書第Ⅰ部第二章第一節において言及した。

（15）このような「秩序・順序（ordo, l'ordre）」という点に厳格に固執しデカルトの哲学を体系的に論じたのはゲルーである（cf. Martial Gueroult, *Descartes selon l'ordre des raisons* (2 vols., Paris: Aubier, 1968 (1953))）。ゲルーはその大著『理由の順序によるデカルト』の第Ⅰ巻第一章においてデカルト哲学の特徴付けをいくつかの視点から論じてまとめているのだが、最も重要な論点はデカルトの形而上学が厳格に「順序」に従っている、ということである。この「順序」とは先に本章第一節で挙げたものである。そしてゲルーはデカルトにおいては二つの順序が区別されていると指摘する。それは「総合的順序（ordre synthétique）」と「分析的順序（ordre analytique）」である。『方法序説』や『省察』本文は「分析的秩序」に従って論述されており、『省察』第二答弁末尾の「幾何学的提示」や『哲学原理』は「総合的順序」に従って論述されていると考えられる。そしてゲルーは「分析」の順序を発見の順序、認識理由の順序と言い換え、「総合」の順序を存在理由の順序と言い換えている。つまり「私」の認識の連鎖は実在の連鎖ではないので、順序は認識論的な順序と存在論的な順序とに区別されなければならず、そしてゲルーもデカルトに従って認識理由の順序である「分析」に重きを置いている。

(16) ちなみに、アリストテレスにおいても「より先のもの（πρότερα）」とか「一層よく知られるもの（γνωριμώτερα）」という言葉には二つの意味があるとされる。すなわち、「そのもの自身の成り立ちにおいて［本性上］（τῇ φύσει）より先のもの・一層よく知られるもの」という意味と、「われわれに対して（πρὸς ἡμᾶς）より先のもの・われわれにとって（ἡμῖν）一層よく知られうるもの」という意味の二つである。これらの二つの意味の区別はデカルトにおける事物の真理に関する順序と私の把握に関する順序の区別とある意味では類似している。しかしながらアリストテレスが言うところのわれわれに対してより先のもの・一層よく知られうるものというのは、「一層感覚による把握に近いもの（τὰ ἐγγύτερον τῆς αἰσθήσεως）」のことであり、逆に限定抜きの意味においてより先のもの・一層よく知られうるものというのは、「一層感覚による把握から遠いもの（τὰ πορρώτερον τῆς αἰσθήσεως）」のことである。つまりデカルトの私の把握に関する順序においては真っ先に疑われる感覚的なものが、アリストテレスのわれわれに対してより先のもの・一層よく知られるものにおいては重要な位置を占めているのである（以上の記述はアリストテレス『分析論後書』（『アリストテレス全集1』（出隆監修、山本光雄編、岩波書店、一九七一年）所収）第I巻第二章（71b10-72a6）に拠る。括弧内のギリシャ語に関しては、Loeb Classical Library シリーズの第三九一巻、Aristotle, *Posterior Analytics* [translated by Hugh Tredennick] / *Topica* [translated by E. S. Forster]（Cambridge, Massachusetts: Harvard University Press, 1989（1960））を参照した）。

(17) この箇所については、本書第II部第三章第三節の議論においても言及する。

(18) この箇所に関して、コギト命題の意味を言語哲学の観点から論じた著名な研究論文として次のものがある。Jaakko Hintikka, 'Cogito, ergo sum: inference or performance ?', *Philosophical Review*, vol. 71（1962）, pp. 3-22［reprinted in G. Moyal（ed.）, *Descartes: Critical Assessments*（4vols., New York & London: Routledge, 1991）, vol. 2, pp. 162-84］. この論文でヒンティッカは上記の引用箇所でのデカルトの主張を引き受けつつ、このコギト命題が論理的な推論（inference）ではなく、行為遂行的な（performatory）性格を有することを指摘している。ちなみにこの論文の日本語訳は次の文献に収録されている。『現代デカルト論集II　英米篇』（デカルト研究会編、勁草書房、一九九六年）。

(19) 方法的懐疑についての詳細な議論は、本書第II部第三章で論じる。

(20) 以下要約するにあたっては、セクストス・エンペイリコス『ピュロン主義哲学の概要』（金山弥平・金山万里子訳、京都大学学術出版会、一九九八年）、第I巻第一四章（二五―七八頁）および第一五章（七八―八三頁）に依拠した。引用箇所の頁数はこの本のものである。括弧内のギリシャ語に関しては、Loeb Classical Library シリーズの第二七三巻、Sextus Empiricus, *Outlines of Pyrrhonism* [with an English translation by R. G. Bury]（Cambridge, Massachusetts: Harvard University Press, 1993 (1933)）を参照した。

（21）一〇項目を挙げておくと、第一のものは「動物相互の違いに基づく方式（*ὁ τρόπος παρὰ τὴν τῶν ζῴων ἐξαλλαγήν*）」、第二のものは「人間同士の相違に基づく方式（*ὁ τρόπος παρὰ τὴν τῶν ἀνθρώπων διαφοράν*）」、第三のものは「感覚器官の異なる構造に基づく方式（*ὁ τρόπος παρὰ τὰς διαφόρους τῶν αἰσθητηρίων κατασκευάς*）」、第四のものは「情況に基づく方式（*ὁ τρόπος παρὰ τὰς περιστάσεις*）」、第五のものは「置かれ方と隔たりと場所に基づく方式（*ὁ τρόπος παρὰ τὰς θέσεις καὶ τὰ διαστήματα καὶ τοὺς τόπους*）」、第六のものは「混入に基づく方式（*ὁ τρόπος παρὰ τὰς ἐπιμιξίας*）」、第七のものは「存在する事物の量と調合に基づく方式（*ὁ τρόπος παρὰ τὰς ποσότητας καὶ σκευασίας τῶν ὑποκειμένων*）」、第八のものは「相対性に基づく方式（*ὁ τρόπος ἀπὸ τοῦ πρός τι*）」、第九のものは「頻繁に遭遇するか、稀にしか遭遇しないかに基づく方式（*ὁ τρόπος παρὰ τὰς συνεχεῖς ἢ σπανίους ἐγκυρήσεις*）」、第一〇のものは「生き方と習慣と法律と、神話を信じることと、ドグマティストの想定に基づく方式（*ὁ τρόπος παρὰ τὰς ἀγωγὰς καὶ τὰ ἔθη καὶ τοὺς νόμους καὶ τὰς μυθικὰς πίστεις καὶ τὰς δογματικὰς ὑπολήψεις*）」である。

（22）五方式のうち、第一は「反目を論拠とする方式（*ὁ τρόπος ἀπὸ τῆς διαφωνίας*）」、第二は「無限遡行に投げ込む方式（*ὁ τρόπος εἰς ἄπειρον ἐκβάλλων*）」、第三は「相対性を論拠とする方式（*ὁ τρόπος ἀπὸ τοῦ πρός τι*）」、第四は「仮設による方式（*ὁ τρόπος ὑποθετιος*）」、第五は「相互依存の方式（*ὁ τρόπος διάλληλος*）」である。

（23）この「認識論的転回」に関しては、次の文献を参照。Richard Rorty, *Philosophy and the Mirror of Nature*（Princeton, New Jersey: Princeton University Press, 1979), chap. III: *The Idea of a "Theory of Knowledge"*［邦訳：『哲学と自然の鏡』（野家啓一監訳、産業図書、一九九三年）第三章「「知識論」という観念」］.

第四章　「明晰かつ判明」と「確実かつ不可疑」

序

前章では『省察』における方法論を「分析」という視点から捉え直すことを試みた。そこで、前章第四節の段階での『省察』における「分析」を簡潔にまとめると次のようになる。まず分析の目的とは、事物の真理そのものに関する順序においてではなく、私の把握に関する順序において第一の真理を発見することである。そして第一の真理を発見する作業において重要なのが、「確実かつ不可疑」という基準を用いて事象を分析していくということである。

本章ではこのような「分析」という方法論の独自性をより一層明らかにするために、前章で指摘した「分析」という方法の二つの特徴の内、特に「確実かつ不可疑」という基準について考察を深めたい。その際に注目するのは、デカルト哲学においてこの「確実かつ不可疑」という語句とほとんど同義のものとして解釈されている、「明晰かつ判明」という用語である。両者を詳細に検討し、その相違点を探ることによって、デカルトの方法の特徴の一つがより明らかになるであろう。それと同時に、その独自性からある問題も生じることになるのだが、そのことに関しては「デカルトの循環」という問題設定の下に第Ⅱ部第一章であらためて論じることになる。

以下本章では次のように議論を進めていく。第一節では「確実かつ不可疑」という用語との比較対象となる、デカルト哲学における「明晰かつ判明」という用語について、『省察』以外の著作においてそれがどのように捉えられているのかを確認していく。この作業の段階では「確実かつ不可疑」という表現と「明晰かつ判明」という表現は一見置換可能である。そして第二節では第一節で確認したことを踏まえた上で、『省察』におけるこれら二つの用語の置換可能性を吟味する。特に第三省察において現れるいわゆる「明証性の一般的規則」を手掛かりに、この二つの表現の意味内容を精確に捉えることを試みる。著者のとりあえずの結論としては、デカルトが「私はある、私は存在する」という第一の真理にたどり着くためには、これら二つの用語は明確に異なるものとして捉えねばならず、同一視されてはならない、というものになるだろう。最後に第三節では、この「明晰かつ判明」という用語に関してはこれまでデカルト哲学解釈史上様々な議論がなされているので、その中から現代の代表的な解釈をいくつか参照する。ここで取り上げるのはジェワースとマーキーの論文であるが、それらを検討することによって、第二節での著者の結論の成否を探ることにする。

第一節　「明晰かつ判明」とは

前章第四節では、第一省察冒頭部に現れる「分析」の基準を参照する前に、『方法序説』第Ⅱ部の第二規則について言及した。この第二規則はデカルトにおける「分析」という概念を明らかにするためには重要なものであったが、『省察』における「確実かつ不可疑」ということに関して言うならば、『方法序説』第Ⅱ部第一規則も参照せねばならない。第一規則とは以下のようなものである。

第一は、私が明証的に真であると認識したのではないものは、どんなものでも決して真として受け容れないこと。言い換えれば、注意深く性急さと偏見とを避けること。そして、私がそれを疑ういかなる機会も有しないほど、明晰かつ判明に私の精神に現れるもの（ce qui se présenterait si clairement et si distinctement à mon esprit, que je n'eusse aucune occasion de le mettre en doute）以外の何ものをも、私の判断のうちに含めないこと。（AT, VI, 18）

この箇所では簡潔にまとめると、明晰かつ判明に私の精神に現れるものこそ、真として受け容れるべきものである、と述べられている。第一省察での基準とは、「まったく確実で不可疑である、というものではないものに対しても、明らかに（aperte）偽であるものに劣らず、気を付けて同意を差し控えるべき」（AT, VII, 18）であって、また「それらの意見のすべてを拒否するためには、何か疑う理由を各々の意見のうちに見出すならばそれで充分である」（同上）というものであった。この叙述においては、上述の『方法序説』第Ⅱ部の第一規則に現れている、「明証的に（évidemment, evidenter）」、「明晰に（clairement, clare）」、「判明に（distinctement, distincte）」といった言葉は記されていない。これらの言葉に類するものとしては、「明らかに（aperte）」という言葉が用いられているだけである。

そして第一省察のこの箇所に記されていて、かつ『方法序説』第Ⅱ部の第一規則にも現れていて重要であると考えられる言葉が、「疑う（douter, dubitare）」という動詞である。上述の引用箇所では、「明晰かつ判明に」という副詞は、「si A que B（B ほどに A）」という形でもって、「私がそれを疑ういかなる機会も有していないほど」という語句で修飾されている。つまり、何かが明晰かつ判明に「私」の精神に現れている、ということは、その何かが「私」の精神に現れているということは疑いようがない、ということである。したがってこの『方法序説』第Ⅱ部では、明晰かつ判明であることと疑いえないこととはほぼ同値であると言えるかもしれない。しかし『省察』においてもこの置換が可能であるかどうかは吟味する余地がある。

ところでこの「明晰かつ判明に」という語句は、デカルト思想のごく初期から頻繁に使用されているものである。デカルトの初期思想がある程度まとめられている書物である『精神指導の規則』にもこの言葉は頻繁に登場する。たとえば第二規則のタイトルは、「われわれの精神にとってそれらの確実でかつ不可疑な認識（certa & indubitata cognitio）が必要である、と思われる対象のみを考察すべきである」（AT, X, 362）となっている。そして続けて本文冒頭には次のように記されている。

学問というものはすべて確実でかつ明証的な認識である（Omnis scientia est cognitio certa & evidens）。（同上）

ここでは「明晰かつ判明に（clare & distincte）」という言葉そのものは出てこないが、「確実な（certus）」、「不可疑な（indubitatus）」、「明証的な（evidens）」という三つの言葉が並びたてられている。また、第三規則のタイトルは次のようなものである。

第三規則

提示された対象に関しては、［中略］われわれはそれらについて何を明晰にかつ明証的に直観できるか、あるいはそれらについて何を確実に演繹できるか（quid clare & evidenter possimus intueri, vel certo deducere）ということが探求されるべきである。というのも、それ以外の仕方では学問は獲得されないからである。（AT, X, 366）

この箇所では、明晰にかつ明証的に直観できるものに、あるいは確実に演繹できるものに認識を限ることが重要であると説いている。認識の仕方として有効なのは、デカルトが考えるところでは、「直観（intuitus）」

と「演繹（deductio）」[1]である。彼によれば、直観とは次のようなものである。

「直観」ということで私が理解しているのは、諸感覚の不安定な確信でもないし、また創作的な想像力の誤った判断でもなく、純粋で注意深い精神の、われわれが理解しているものについていかなる懐疑の余地も残さないほどに容易で判明な概念把握作用なのである（sed mentis purae & attentae tam facilem distinctumque conceptum, ut de eo, quod intelligimus, nulla prorsus dubitatio reliquatur）。（AT, X, 368）

先ほど見た第三規則のタイトルでは「直観する」という動詞に「明晰にかつ明証的に（clare & evidenter）」という副詞が付されていたが、上記の引用箇所では、直観なるものは疑いの余地を残さないほど判明な（distinctus）ものとされている。これらの記述から判断するに、ここでも不可疑であることと判明であることは同値の扱いを受けているようである。

前段落まででは『省察』に現れる「確実かつ不可疑」という用語と「明晰かつ判明」という用語との関係を考察するための参考として、『精神指導の規則』に現れている関連用語を参照した。しかしそもそも「明晰かつ判明」とはいかなる事態を指しているのか。『省察』本文においてはこの用語に関して詳しく説明がなされている箇所は見当たらない（このような事態は別に「明晰かつ判明」という用語に限ったことではない）。しかしながら『哲学原理』第Ⅰ部第四五節において「明晰な把握（perceptio clara）」「判明な把握（perceptio distincta）」[2]について簡潔ながら言及がある。それは次のようなものである。

［中略］私は次のようなものを明晰な把握と呼ぶ。それはつまり、注意している精神に現前し明示されている把握である。あたかも、直観している眼に現前するものが充分に強くはっきりと眼を動かす場合に、そのものがわれわれによって明晰に見られている、というようなものである。そして私は次のようなものを判明な

把握と呼ぶ。それはつまり、明断であるとともに、他のすべてのものから分かたれ切り離されていて、自らのうちに明晰であるものより他はまったく含まないような把握である。(AT, VIII-1, 22)

明晰な把握と判明な把握とは上記のように叙述されているが、これでもまだ不充分かもしれない。デカルトは続く第四六節で、「苦痛・痛み」を例に挙げて次のように述べている。

判明でないような明晰な把握はありうるが、しかし明晰でなければいかなる判明な把握もありえない(potest esse clara perceptio, quae non sit distincta; non autem ulla distincta, nisi sit clara)。(同上)

つまりたとえば身体のある部分に痛みを感じる場合、この痛みの把握は極めて明晰でありえるが、判明であるとは限らないということである。なぜなら痛みを感じている人は、明晰に把握しているのは痛みの感覚だけなのに、この感覚に類似したものが傷んでいる部分に存在すると(誤って)思ってしまうからである。したがってデカルトによれば、把握は判明でなくても明晰でありうるが、明晰でなしには判明ではありえないわけである。

さらに先ほどの『哲学原理』第I部第四五節の引用箇所で注目すべきことは、この箇所の直前で「確実で不可疑な判断(certum & indubitatum judicium)が寄りかかることのできる把握のためには、明晰であるだけでなく、判明であることが必要である」(同上)と述べられていることである。つまり確実かつ不可疑であるための必要条件として、明晰かつ判明であることが主張されている。このような記述からすれば、ここでは一見すると「明晰かつ判明」であることが「確実かつ不可疑」であることと置換可能であるようにも思える(もちろんここでは充分条件として言及されているわけではない)。

以上、しばしばデカルト哲学においては同義とされる「確実かつ不可疑」という表現と「明晰かつ判明」という表現に関して、『省察』以外の著作でどのように記されているかを見てきた。これまで参照してきた箇所を考慮すると、これら二つの用語を同値として解釈してもよいように考えられるかもしれない。次節では『省察』の叙述を丹念に調べていくことで、この二つの用語の関係を明らかにしてゆく。

第二節　『省察』における「明晰かつ判明」と「確実かつ不可疑」の置換可能性

『省察』の叙述においては「明晰かつ判明」であることを「確実で不可疑」であることと置き換えることができるだろうか。言い換えるならば、「明晰かつ判明」であることは、「確実かつ不可疑」であることの必要充分条件であるのだろうか。

このことを吟味するために、「明晰かつ判明」という用語が重要な役割を果たしており、デカルトが第三省察冒頭部で提示することになる、いわゆる「明証性の一般的規則」について以下で考察を進めていく。周知の通り、デカルトは第二省察までで確固不動の土台たる「私はある、私は存在する（*Ego sum, ego existo*）」を見出した。そして続く第三省察以降で、一旦はすべて偽であるとして否定された様々な知識・意見が、この確固不動の土台に基づいて再構築されていくことになる。この知識の再構築において重要な役割を果たすのが、いわゆる「明証性の一般的規則」である。

これは第三省察冒頭部で次のようにして提示される。まずデカルトは、「私は思惟するものである」という命題を真として確信したところ（第二省察）に立ち戻り、「それならばまた、あるものについて私が確知するために何が要求されるかをも、私は知っているのではないか」（AT, VII, 35）と自問する。そして「この最初の認識のうちには私が肯定するものについての明晰かつ判明なある種の把握より他のものは何もない」（同上）ということを確認し、次のように言う。

> したがって今や、非常に明晰かつ判明に私が把握するものはすべて真である、ということを、一般的な規則として定めることができる、と私には思われる（ac proinde jam videor pro regula generali posse statuere, illud omne esse verum, quod valde clare & distincte percipio）。（同上［傍点引用者］）

このようにして、いわゆる明証性の一般的規則が設定されて、次に「神があるかどうかを、そしてあるとすれば欺瞞者でありうるかどうかを、吟味しなくてはならない」（AT,VII, 36）ことになる。なぜなら前章で簡潔に確認した第一省察の分析の過程において見られたように、もし神が欺く者であるのならば、他のいかなる知識・意見についても全面的に確知することができないと思われるからである。

さてデカルトは第三省察において、第二省察で見出された第一の真理である「私はある、私は存在する」とこの「明証性の一般的規則」というものを用いて神の存在を証明し、次いで疑いに付されていた残りの知識・意見を再構築していくことになる。この明証性の一般的規則を用いた神の存在証明の議論が成功し、一旦は捨て去った知識・意見を再構築できるかどうかに関しては、本書第Ⅱ部で詳細に論じるが、本節ではその問題点は一旦脇に置いて、「明晰かつ判明」と「確実かつ不可疑」という二つの用語の相違を押さえることにする。

ここでまず確認しておかねばならない点は、明証性の一般的規則が導出されるその仕方である。この規則が導出されるにあたっての論拠は、やはり第二省察の方法的懐疑の果てに見出される、「私はある、私は存在する」という第一の真理であり、それから派生する「私は思惟するものである」という真理である。これらはデカルトの分析理論の有する「確実かつ不可疑」という厳格な基準に則って発見されたものである。デカルトはこの事実に立脚しつつ、そこから「あるものについて私が確知するため（ut de aliqua re sim certus）」の条件を探っている。ここで「（私が）確知する」と訳した語句は「sum certus」であり、「確実かつ不可疑」中の「certus（確実な）」と同じ言葉である。そして「（私が）確知する」の要件としてデカルトが指摘するのが、「ある種の明晰かつ判明な把握（clara quaedam & distincta perceptio）」である。本章第一節で『哲学原理』第Ⅰ部第四五節を参照したが、そこでも確実かつ不可疑な判断の第一要件として、明晰であるだけでなく判明であること、がデカルトによって主張されていた。これと同様の事態を『省察』のこの箇所でも見出すことができる。しかし明晰かつ判明であることが確実かつ不可疑であることの第一要件であるとしても、これが他の何の条件もなく置換可能であるかどうかはまた別問題である。その点を吟味しなければならない。

この点を考察するために、明証性の一般的規則が定立された箇所とそのすぐあとの記述を見ておこう。第一に指摘すべき点は、第三省察での明証性の一般的規則の成立には曖昧な点があるということである。つまり次のことに留意しておかねばならない。すなわち明証性の一般的規則が定立されることになる先述の引用箇所の傍点部分である。しばしば指摘されるように、そこでは「私には思われる（videor）」という表現が使用されている。(3)

このような表現は、この第三省察冒頭部での「明証性の一般的規則」の設定があくまでも主観的で暫定的なものであることを示唆している。このことは、この「明証性の一般的規則」が提示された直後で、この規則を適用することには注意深くあるべきだ、という議論をデカルト自身がしていることからも確かめられる。たとえばデカルトは次のように言う。

しかし神のこの上ない能力についてのこの先入見的な意見が私に立ち現れてくるたびごとに、神がその気になりさえすれば、私が精神の眼でこの上なく明証的に直観すると思う事柄（quae me puto mentis oculis quam evidentissime intueri）においてすら私が誤るようにするのは、神にとってはたやすいことである、と私は認めないわけにはゆかないのである。（AT, VII, 36）

このような叙述はもちろん第一省察の方法的懐疑の過程で導出された推察である。周知の通り第一省察においては、常識的にはこの上なく明証的で確実なものとされている数学的知識でさえも、欺く神という仮定によって疑いうるものとされる。そのことをもう一度思い起こすことになるのが上記の引用文であろう。このような叙述は明晰かつ判明であることと確実かつ不可疑であることの置換可能性に対して否定的な解答を与える論拠の一つである。

つまり一方では、第一・第二省察での方法的懐疑の過程をかいくぐってきた「私はある、私は存在する」という第一の真理に関しては、それが「私が疑うこと・思惟すること」のもとにある限りで、ただ一つ欺く神の想定を免れるものとして、すなわち確実かつ不可疑なものとして確立されることになる。他方ではこの第一の真理以外の明晰かつ判明なものに関しては、精神がそれに注意を向ける限りでは、明証的で真なるものとして同意せざるをえないものである(4)。しかしながら欺く神を想定する形而上学的懐疑からすれば、精神は明晰かつ判明なものそのものにおいても誤りうるような本性のものと見なされることになる。つまり明晰かつ判明であっても、それがそのまま確実かつ不可疑であるわけではない。厳密な意味で明晰かつ判明でそのうえ確実かつ不可疑であるのは、「私はある、私は存在する」という第一の真理だけなのである。その点にこの第一の真理の特権性を見出すことができるだろう。したがってこのような考察からすると、明晰かつ判明であることと確実かつ不可疑であることとは『省察』の叙述においては置き換えることができない、と考えられる。

　このように明晰かつ判明であることと確実かつ不可疑であることを同一視できない論拠は、先に引用したのと同じ第三省察の残りの部分、すなわち神の存在証明の部分にも見出すことができる。第三省察の神の存在証明の詳細な吟味は本書第Ⅱ部第一章および第二章で行うが、周知の通り神の存在証明においては「私はある、私は存在する」という第一の真理の他に明証性の一般的規則に則って真とされる様々な概念・原理が用いられている。「明晰かつ判明」と「確実かつ不可疑」という二つの用語を考察するにあたって問題となるのは、明証性の一般的規則によって真とされる概念・原理の確実性である。それらの概念・原理の確実性は「欺く神」という仮定をもしのぎうる、「私はある、私は存在する」という第一の真理と同じ確実性を有するのであろうか。

　問題となっている様々な概念・原理は「自然の光によって明らか」[5]とされているのだが、これらの多くは『省察』第二答弁末尾に添えられている「諸根拠」の「公理（axioma）すなわち共通概念（communis notio）」に数え入れられている。たとえば「公理すなわち共通概念」のⅠ、Ⅲ、Ⅳ、Ⅴ、Ⅵなどが一つ目の神の存在証明には用いられている[6]。これらの「公理すなわち共通概念」が知識・意見の確実性の階層のどの段階に属するものであるのかは『省察』においては明確ではないのだが、たとえば『哲学原理』の第Ⅰ部第一三節においては、「精神はいくつかの共通概念を見つけ、それらから様々な証明を形成し、それらに注意を向けている間は、これらの証明がまったく真であると自ら納得している」（AT, VIII-1, 9）とある。さらにはこの記述のすぐあとにおいて、共通概念の具体例として次のように記されている。

共通概念の中には、「互いに等しいものに、互いに等しいものを加えると、その結果も等しい」などというものがあり、それらから、三角形の三つの角の和が二直角に等しいといったことなどが容易に証明される。（同上）

そして精神は、自分にとって極めて明証的に現れるものにおいてさえも欺かれるような本性のものとして自分が創造されたかもしれないことを思い起こすとき、「上述のような様々な証明について自分が疑うことは正当であることに気付く」（AT, VIII-1, 10）とされる。

このような叙述からは次のことが推察される。つまり「公理すなわち共通概念」は第一省察において「欺く神」という想定によって疑いに付されることになった数学的真理と同じ確実性の階層に属するということである。明証性の一般的規則からすれば、充分真として捉えられるこれらの共通概念・公理も、方法的懐疑の過程における形而上学的次元からすれば、充分疑いに付すことができるものであり、そこには「私はある、私は存在する」という第一の真理との断絶がある。

この断絶はデカルトの分析理論の独自性を示すものであり、「確実かつ不可疑」ということと「明断かつ判明」ということが異なるものであるからこそ、「私はある、私は存在する」という命題が第一の真理たりうるのである。しかし他方この断絶は新たな問題を生じさせるものでもある（その典型は「デカルトの循環」という問題系であり、本書第Ⅱ部第一章であらためて論じる）。デカルトもその困難を予想してか、第一の真理とその他の明晰判明知との差異について、すなわち確実かつ不可疑であることと明晰かつ判明であることとの差異について、曖昧な表現をしている箇所がある。その箇所とは、第三省察での神の存在証明に入る直前の箇所である。(7)

まったく明晰に把握していると私が確信している当のものどもに向かうそのたびごとに、まったくそれらによって説得されて、自ずと次のような言葉が口をついて出てくる。できるものは誰であろうと私を欺くがよく、しかし彼は、私が何ものかであると私が思惟するであろう間は、私が無であるという事態を、あるいは、私のあることが現に真であるからには、私がかつてあったことはないということがいつか真であるという事態を、あるいはまたもしかして、二に三を加えると五よりも多くなったり少なくなったりするという事態を、あるいは同じような、すなわち明白な矛盾をそこに認める事態を引き起こすことは決してない、と。(AT, VII, 36)

この箇所では「私はある、私は存在する」という第一の真理と数学的真理とが「あるいは (vel)」という言葉でもって並列されている。つまりここでは第一の真理が有する不可疑性・確実性が、「まったく明晰に把握していると私が確信している (valde clare percipere arbitror)」ということに基づいて、数学的真理にまで拡張されているのである。

しかしながら第一省察での分析の手法に則れば、これら二つは確実性の階層において明確に区別されるべきものである。そうでないならば、第一・第二省察での分析の遂行の結果見出された「私はある、私は存在する」という第一の真理の重要性が減じられてしまうことになる。よって「私はある、私は存在する」という第一の真理の特権性を保持しようとするならば、数学的真理やそれに類する共通概念・公理は明らかに確実性の階層において第一の真理より劣るものであり、欺く神という形而上学的懐疑を免れえない。よって思惟する「私」が共通概念・公理に常に注意を向け、それらによって明晰かつ判明であると説得されているとはいえ、デカルトが選択した「分析」という手法に則った上では、上記のような共通概念・公理は第一の真理と同等のものであるとは言えない。つまりそれらは確実かつ不可疑であるとは言えないのである。

以上のように本節では、第三省察におけるいわゆる明証性の一般的規則と、それに付随するいくつかのデカルトの論述を参照してきた。それらを考察することで理解されることは、「分析」という方法によって叙述された『省察』という書物においては、「明晰かつ判明」という用語と「確実かつ不可疑」という用語は同値ではないということである。つまり明晰かつ判明であることは確実かつ不可疑であるための必要条件ではあるが、充分条件ではないということである。次節では本章で論じてきたデカルトの「明晰かつ判明」という表現について論じられた著名な論文を二つ取り上げ、そこで展開されている諸々の解釈を検討し、そのことによって本節で結論付けた著者の主張の成否を考察する。

第三節　「明晰かつ判明」をめぐって

前節まででデカルト哲学における「確実かつ不可疑」と「明晰かつ判明」という用語について、デカルトの論述を参照しつつ、その意味内容を明らかにしてきた。これらの用語に関する著者の見解は前節末尾で述べた通りである。しかし特にデカルト哲学における「明晰かつ判明」という用語については周知の通り、それがデカルトの重要な論述において頻繁に用いられるなどの理由から、これまで数多くの研究論文が発表されてきた。それらをここですべて言及し論じることは紙幅の関係から到底不可能である。本節ではそれらの中から著名な論文を二つ参照しその内容について検討を加える。このことによって「明晰かつ判明」という概念についての著者の解釈の成否もより明確になるだろう。

一番目に取り上げるのは、ジェワースの「デカルトにおける明晰性と判明性（Clearness and Distinctness in Descartes）」（一九四三年）である。[8] まずはこの論文の内容を簡潔にまとめる。この論文でジェワースはデカルトのいわゆる「明証性の一般的規則」に対する批判、特にこの規則が「純粋に主観的で心理的なもの（purely subjective and psychological)」に過ぎないという批判について論究している。[9]「明証性の一般的規則」が「心理的な規律（psychological discipline)」を必然的に伴うということをジェワースも認めている。というのも、明晰かつ判明と呼ばれるのは観念やいわゆる命題（観念の組み合わせ）であるが、それら観念のみが精神によって直接的に把握されるからである。しかしジェワースは明晰かつ判明な把握が有する明証性と、単なる主観的な思い込みや盲信との間には、明確な違いがあると主張する。

ジェワースはこの主張を説得的なものとするために、いくつかの事柄について詳細に論じている。まずは把握（perception: 知覚）という精神のはたらきの直接の対象である観念（idea）についてである。この点に関して最初に指摘されるのは、観念には二重の状態があり、つまり思惟の様態としての「形相的な本性（formal essence)」と自ら以外の何ものかを表現するという「表現的な本性（objective essence)」があるということである。[10] またデカルトが考えるところのわれわれの認知状態の三つの要素として、「把握作用（perceptive act)」、把握される直接の対象あるいは内容としての「観念」、その「観念」によって表現されると称されるところの「事物（thing)」をジェワースは挙げている。これらの指摘はデカルト哲学解釈としては標準的なものであるが、そこからジェワースは明晰性と判明性は観念や把握作用に内在的な性質（qualities internal to ideas and perceptive act）であることを確認している（つまり明晰判明性とは、外的対象などとの対応関係の観点で成り立つものではない）。

ジェワースはさらに観念が有する様々な性質に注目し、その視点からデカルトにおける「明晰判明性」という概念を説き明かそうとする。詳細は省いてジェワースの結論だけをまとめておくと、まず明晰性と判明性が問題となる状況には、単に直接的に把握される内容を受動的に理解することだけが伴うのではなく、その内容に関するある解釈も伴う。ここでの「解釈」される内容とは、「〜として見られる（viewed as, spectantur ur)」内容のことである。ジェワースはこの観念の「解釈する」というはたらき（観念の「質料的」な性質、つまり思惟の様態の一つである）[11]に着目し、それは命題などを判断する（judge, judicare）際の解釈とは異なることを指摘する。[12]最終的にジェワースは、明断かつ判明な観念とは、「解釈をし損なえない（cannot be misinterpreted）」観念であると主張する。ここでの「解釈をし損なえない」とは、「単純性（simplicity）」のことであり、デカルトが『精神指導の規則』で言及している「単純本性（simple nature）」[13]のことをジェワースは指摘している。

以上ジェワースの論文を簡潔にまとめつつ参照してきた。ジェワースは「明断判明性」を観念に内在的なものと捉え、最終的にはその観念の表現内容・解釈内容の単純性に「明断判明性」の根拠を求めている。このようなジェワースの捉え方は、あくまで精神・心に内在的な観点から「明断判明性」の内実を探り、そして明断性と判明性とが単に心理的で主観的なものでなく、客観的なものであるために、観念の解釈内容・表現内容の単純性にその根拠を求めるものである。そういった点で論が首尾一貫しており、興味深い考察である。しかしながら、特に観念の解釈内容という点に関しては、そこに「〜として見る（view as）」構造があるために、主観的で恣意的な要素を完全に払拭することはできないし、デカルトのいう「単純本性」についても、明断性と判明性とを十全に保証するほどの「単純性」を有しているかどうかは疑問の余地がある。またジェワース自身も述べていることであるが、観念が明断かつ判明であることと、その観念が真であるかどうかは別問題であり、真であるためには最終的には「神の保証（divine guaranty）」が必要である。そうなると本書第Ⅱ部第一章で論じることになる「デカルトの循環」という問題とも絡んでくることになり、問題はいっそう困難となる。ジェワースはこの論文ではその点について充分に論じていない。したがって本章第二節で問題にしていた「明断かつ判明」ということと「確実かつ不可疑」ということとの関係性については、この論文からは明確な解答を得ることはできないと考えられる。

さて、デカルトの「明晰かつ判明」という概念をめぐる研究論文の二番目のものとして参照するのは、マーキーの「明晰かつ判明な把握と形而上学的確実性（Clear and Distinct Perception and Metaphysical Certainty）」（一九七九年）である。[14] この論文で論及される主題は、デカルトの二つの重要な概念、すなわち「明晰かつ判明な把握（clear and distinct perception）」と「形而上学的確実性（metaphysical certainty）」との関係を明らかにすることである。デカルト哲学解釈上一般には、命題を明晰かつ判明に把握するとは、その命題をある特殊な仕方で捉えることを意味している。他方、ある人がある命題を形而上学的に確信している（be metaphysically certain of）のは、彼がそれを疑ういかなる理由も有していない場合だけである、と解されている。マーキーはこのような二つの概念の関係をデカルトがどのように理解しているのかは不明瞭である、と指摘する。

マーキーはこのことを明らかにするためにまず、デカルト哲学解釈上の有力な解釈を一つ提示する。それは「時間tにs［認識主体］が明晰かつ判明に命題pを把握するならば、sは時間tに命題pを形而上学的に確信している」という原理をデカルトに帰する解釈である（これを解釈（1）とする）。この解釈（1）はデカルト研究者の間では今でも割と広く受け入れられているものである。しかしマーキーはこの解釈（1）には深刻な反論があるという。それはいわゆる「デカルトの循環」という問題系である。[15] つまりマーキーの指摘によれば、デカルトはある命題を明晰かつ判明に把握している間はその命題を疑うことは決してできないと認めているが、他方次のようにも主張している。すなわち神を知るまでは（欺かない神の存在を知るまでは）、いくつかの命題を明晰かつ判明に把握しても、真かつ確実な知識を得ることはできない、とデカルトは主張しているのである（AT. VII, 69）。[16]

よって解釈（1）を採用するには困難さが伴うわけであるが、マーキーはそれに代わるものとして次のような解釈を試しに紹介している。それはつまり、「ｓが神の知識（神が存在すると知ること）を得るまでは、ｓがいくつかの命題についての明晰かつ判明な把握を有していても、そのことは学問的知識（scientific knowledge）に要求されるような仕方でそれらの命題を確信する（certain of）ことはできない」という原理をデカルトに帰するものである（これを解釈（2）とする）。ただマーキーはこの解釈（2）が曖昧なものであると指摘する。その原因は何かというと、デカルトが用いている「確実性（certainty）」という概念の多義性である。解釈者たちによればこの用語の意味は三種類あるとされる。それらはつまり、「心理的な確実性（psychological certainty）」（命題を疑うことができない）、「形而上学的な確実性（metaphysical certainty）」（命題を疑う理由をまったく有しない）、「事実上の確実性（moral certainty）」（実践的な目的のために命題を受け入れることを正当化された状態）である。[17]マーキーの指摘によれば、もしデカルトが解釈（2）において「確実性」ということで「形而上学的確実性」のことを意味していたとすると、解釈（2）と解釈（1）は両立しない。つまり解釈（2）においては、神の知識を得ていない段階では、どんな命題に関してもいくら明晰かつ判明に把握していても形而上学的な確実性は得られない、ということを言っていることになる。そうなるとこのことは、解釈（1）で明晰かつ判明に把握しているなら形而上学的確実性を得られると言っていることと矛盾することになる。解釈（2）における「確実性」ということで「形而上学的確実性」を採用するのなら、解釈（1）での「確実性」とは、つまり明晰かつ判明に把握することの確実性とは、せいぜい「心理的な確実性」でしかない。

それではデカルトの見解として広く受け入れられている解釈（1）を支持するためには他にどのような方途があるのか。マーキーは二つの説を紹介している。一つ目はドネーやフランクファートが主張する説であり[18]、『精神指導の規則』の中の「直観」という概念に依拠している。[19]それはつまり、「時間ｔにｓが命題ｐを直観していれば、ｓは時間ｔに命題ｐを形而上学的に確信している」という原理をデカルトに帰すという解釈である。しかしながらマーキーによれば、「直観」と「明晰かつ判明な把握」を同一のものであるとデカルトが記している箇所は存在しない。デカルトによれば確かに直観するためには認識は明晰かつ判明でなければならないが、それに加えて命題に含まれる要素を一度にすべてつかむことが必要である（AT, X, 407）。[20]したがって「明晰かつ判明な把握」と「直観」とは同値とならないのである。解釈（１）を支持するもう一つの説として、マーキーはフランクファートとケニーが主張する説を紹介している。[21]それはつまり「時間ｔにｓが自然の光[22]によって命題ｐを把握しているならば、ｓは時間ｔに命題ｐを形而上学的に確信している」という原理をデカルトに帰すという解釈である。しかしながらマーキーによれば自然の光による確信はまさに心理的な確実性のレベルであり、解釈（１）を支持することにはならない。

結局この論文の結論としては、解釈（１）は間違っているとマーキーは判断を下している。つまりデカルトは「時間ｔにｓが明晰かつ判明に命題ｐを把握するならば、ｓは時間ｔに命題ｐを形而上学的に確信している」という原理を受け入れてはいない、とマーキーは解釈している。

以上、マーキーの論文の内容を簡潔にまとめ論じてきた。マーキーの問題設定は著者の本章での問題設定と主旨はほとんど同じであり、著者にとってはこの論文は示唆に富むものである。論を展開するにあたって参照しているデカルトのテキストは多少異なるが、結論に関しては、著者はおおむね同意する。つまり、デカルトの「明晰判明性」と「形而上学的確実性」とは同一視できない、ということである。

結語

本章では前章で確認したデカルトの「分析」理論の中で重要な要素の一つである、「確実かつ不可疑」という基準に関して、しばしばそれと同一視される「明晰かつ判明」という概念を参照することで、「確実かつ不可疑」という概念の特徴を探求してきた。本章第一節で見たように、『省察』以外の著作においては、確かにデカルトの「明晰かつ判明」という用語は「確実かつ不可疑」という用語と交換可能であると考えられる（無論その場合もその置換可能性は確定的ではない）。しかしながら本章第二節で論じたように、デカルトのテキストを相互参照し、方法的懐疑という分析を経て獲得される「私はある、私は存在する」という第一の真理の特権性を考慮すると、少なくとも『省察』の論述においてはこれら二つの概念を同一視することはできない。明晰かつ判明であることは、確実かつ不可疑であるための必要条件ではあっても、充分条件とはならないのである。そして本章第三節では、第二節での著者の結論の成否を確認するために、デカルトの「明晰かつ判明」という概念について論及している著名な二つの論文を取り上げ、その内容を参照し検討を加えた。特にマーキーの論文は、著者の結論の正しさを援護するものであろう。

以上のように本章では「確実かつ不可疑」という概念と「明晰かつ判明」という概念について考察を重ねてきたが、この二つの概念を検討するにあたっては、「デカルトの循環」という問題を避けて通ることはできない。これはデカルトの「分析」理論にも密接に関わるし、第三省察の神の存在証明を遂行するにあたっても重大な問題を提起するものである。したがって、本章と前章の議論を踏まえつつ、本書第Ⅱ部第一章において、この「デカルトの循環」という問題について考察を深めていくことにする。

[注]

（1）演繹（deductio）については、デカルトは次のように説明している。

演繹ということでもって私が理解しているのは、確実に認識された何らかの別の事柄から必然的に結論されるすべてのもの（illud omne quod ex quibusdam aliis certo cognitis necessario concluditur）、のことである。［中略］一つ一つのものを明らかに直観していくという連続的でかつ決して中断されることのない思惟の運動によって、真でありしかもすでに知られているところの原理から演繹される（a veris cognitisque principiis deducantur）、というただそれだけで、非常に多くの事物が、それら自身は明証的（evidens）ではなくとも、確実に知られる。（AT, X, 369）

ここでデカルトは、直観によって明証的に知られたものと、それらを組み合わせて連続的に帰結していく演繹というものの二つ知的作業によって、知識が得られ、学問が成立していくと考えているようである。

（2）ここで「把握」と訳したラテン語の単語「perceptio」については、本書第Ⅰ部第三章の注（13）を参照。

（3）この明証性の一般的規則が定立されるにあたって、「私には思われる（videor）」という表現が使用されることに関しては、「デカルトの循環」という問題にも関わることであるが、この点はあらためて本書第Ⅱ部第一章第三節で論じる。

（4）このことに関してデカルトは第五省察で次のように述べている。

［前略］私の精神には、少なくともそれらを明断に把握している限りは、やはりそれらに同意せずにいることはできない、という本性（natura）があることは確かである。（AT, VII, 65）

［というのも］私が何かを極めて明断かつ判明に把握している限りでは、それが真であると信じないでいることはできない、という本性（natura）に私は属しているので。（AT, VII, 69）

これらの記述は「デカルトの循環」という問題を考察する際にも重要なものであるので、これらについては本書第Ⅱ部第一章第三節においてあらためて論じる。

（5）ここで言及されている「自然の光（lumen naturale）」とは、中世スコラ哲学においては「理性の光（lumen rationis）」あるいは「自然理性の光（lumen naturalis rationis）」とも呼ばれるものであり、周知の通り、人間が本来的に有する理性そのものあるいはそのはたらきを意味している。この用語は中世スコラ哲学ではしばしば、「恩寵の光（lumen gratiae）」というものと対立するものとして用いられていたようである。デカルト哲学においてはしばしば、知性にとって自ずと明らかなものであると想定されるような前提を議論に導入したいとデカルトが望む時には、この「自然の光によって」という用語が使用されている。デカルト哲学におけるこの「自然の光」の詳細については、次の文献を参照されたい。John Morris, 'Descartes's Natural Light', *Journal of the History of Philosophy*, vol. 11 (1973), pp. 169-87[reprinted in G. Moyal (ed.), *Descartes: Critical Assessments* (4 vols., New York & London: Routledge, 1991), vol.1, pp. 413-32]. William H. Trapnell, *The treatment of Christian doctrine by philosophers of the natural light from Descartes to Berkeley* (Oxford: Voltaire Foundation at the Taylor Institution, 1988).

（6）これら「公理すなわち共通概念」の具体的な内容は次の通り（AT, VII, 164-5）。

Ⅰ. そのものが存在するための理由・原因は一体何であるかという問いを、それについて問うことができないような事物は何もない。

Ⅲ. いかなる事物も、またこの事物の現実に存在するいかなる完全性も、その存在の原因として無を有することはない。

Ⅳ. 何らかの事物の内にある実在性の、あるいは完全性のいずれも何であれ、形相的にかあるいは優勝的にか、その事物の第一のかつ十全な原因の内にある。

Ⅴ. われわれの有する諸々の観念の表現的実在性は、そこにおいてそれ［表現的実在性］とまさしく同じ実在性が単に表現的にであるばかりでなく、形相的にあるいは優勝的に含まれているような、そのような原因を要求する。

Ⅵ. 実在性の、あるいは存在性の多種多様な段階がある。

（7）このようなデカルトの記述も、「デカルトの循環」という問題を考察するにあたっては重要なものであるので、本書第Ⅱ部第一章第三節であらためて論じる。

（8）A. Gewirth, 'Clearness and Distinctness in Descartes', *Philosophy*, vol. 18 (1943), pp. 17-36 ［reprinted in J. Cottingham (ed.), *Descartes* (Oxford: Oxford University Press, 1998), pp. 79-100］.

（9）このような批判は、すでに『省察』が出版された当時からなされている。たとえば、『省察』のガッサンディによる第五反論の中にそのような批判を見て取ることができる。ガッサンディは第三省察に関する反論の中で次のように述べている。

なぜ人々の間で意見がこのように数多く様々であるのでしょうか。各々の人は自分が擁護している意見を明晰かつ判明に把握していると考えています。そして多くの人たちは自説に固執しているか、あるいはそのようにかこつけているだけである、とあなた［デカルト］が言われないように、次のような人々がいることを見て取っていただきたい。つまり自分たちが抱いている意見のためには、死ぬことも辞さない人々がいるのです。（AT, VII, 278）

つまりここでガッサンディは、明晰かつ判明に把握していると称するものが恣意的なもので客観性を有しないことを指摘している。

(10) この点については本書第I部第二章第一節、および第二節を参照。

(11) この点についても本書第I部第二章第一節、および第三節、第四節を参照。

(12) デカルトは第三省察で思惟（cogitatio）を何種類かに分けて述べているが、その際にまず次のように述べている（以下述べることに関してはあらためて本書第II部第二章で言及する）。

> 私の思惟の内のあるものは、あたかもものの像のようなものであって、ただそれらに対してのみ本来は観念という名称が適合する。たとえば私が人間とかキマイラとか天空とか天使とか神とかを思惟するときのように。（AT, VII, 37）

つまり狭い意味での観念とは「ものの像」のようなものとされる。たとえば「神」の観念が例として挙がっていることで分かるように、ここでの「観念」とは感覚像といったものだけでなく、概念的なものも含んでいる。そして他の種類の思惟については次のように述べている。

> たとえば、私が思惟するとき、恐れるとき、肯定するとき、否定するときには、もちろんいつも私は何らかの事物を私の思惟の対象・主題として捉えている（quidem aliquam rem ut subjectum meae cogitationis apprehendo）が、しかしさらには当の事物の似姿以上の何ものかを思惟しているのである。こういうものの内、あるものは意志あるいは感情と呼ばれ、他のものは判断と呼ばれる。（同上）

デカルトはこのように述べた上で、本来的に虚偽が存するのは「判断（judicium）」だけであると主張している。

(13) デカルトは『精神指導の規則』の第十二規則で、その時点での彼の認識論を展開しているが（その認識論は旧来のアリストテレス主義的な認識論を踏襲している）、そのなかで「単純本性」なるものについても詳細に論述している。

> われわれの知性に関して単純であると言われるもの（res illas, quae respectu nostri intellectus simplices dicuntur）は、あるいは純粋に知性的（pure intellectuales）であるか、あるいは純粋に物質的（pure materiales）であるか、あるいは共通的（communes）であるか、である。（AT, X, 419）

これら三つのものの具体的な例を挙げておく。（1）純粋に知性的。いかなる物体的な像の助けも借りずに、知性によって認識されるものであり、具体的には、「認識とは何か」「懐疑とは何か」「意志のはたらきとは何か」といった類のもの。（2）純粋に物質的。物体の中にしかその存在が認識されぬものであり、具体的には、形、延長、運動など。（3）共通的。物体的事物にも、精神的事物にも、無差別に帰属させうるようなもの。具体的には、存在（existentia）、一性（unitas）、持続（duratio）など。

（14）P. Markie, 'Clear and Distinct Perception and Metaphysical Certainty', *Mind*, vol.88（1979）, pp. 97-104［reprinted in G. Moyal（ed.）, *Descartes: Critical Assessments*（4 vols., New York & London: Routledge, 1991）, vol. 1, pp. 177-184］. またマーキーの次の論文でも、この点についてさらに詳細に論じられている。Peter Markie, 'The Cogito and its importance', in John Cottigham(ed.), *The Cambridge Companion to Descartes* (New York: Cambridge University Press, 1992), pp. 140-73.

（15）この問題系に関しては、このマーキーの論文内容も踏まえながら、本書第Ⅱ部第一章で論じる。

（16）この点についても、「デカルトの循環」という問題を考えるにあたって重要なことであるので、本書第Ⅱ部第一章であらためて検討する。

（17）これら三つの確実性については、この論文ではあまり詳細に議論はされていない。これら三つの確実性に関しては、カーリーの次の文献において詳しく論じられている。E. Curley, 'Certainty: Psychological, Moral, and Metaphysical', in S. Voss（ed.）, *Essays on the Philosophy and Science of René Descartes*（New York & Oxford: Oxford UniversityPress, 1992）, pp. 11-30. カーリーはこの論文でマーキーの区分した確実性の三つの種類、特に形而上学的な確実性と心理的な確実性との関係について詳細に考察している。カーリーは「明晰かつ判明な把握」は形而上学的確実性の必要条件であり、「確信（persuasion）」を通して「確実かつ不可疑」へ至れると解釈している。この「確信」については本書第Ⅱ部第一章第三節であらためて論じる。

（18）次の文献を参照されたい。W. Doney, 'The Cartesian Circle', *Journal of the History of Ideas*, vol. 16（1955）, pp. 324-38［reprinted in W. Doney, *Eternal Truths and The Cartesian Circle: A Collection of Studies*（New York & London: Garland Pub., 1987）, pp. 30-44］. この論文は「デカルトの循環」という問題を考察するにあたっても重要な文献であるので、本書第Ⅱ部第一章第二節で論じる。H. Frankfurt, *Demons, Dreamers and Madmen: The Defense of Reason in Descartes's Meditations*（New York: Garland, 1987（1970））.

（19）『精神指導の規則』の中の「直観」に関しては本章第一節ですでに言及したのでそれを参照されたい。

（20）『精神指導の規則』第一一規則において、デカルトは次のように述べている。

精神の直観のためには次の二つのことが必要である。すなわち命題を明晰かつ判明に、次いで加えて、すべてを一時にかつ間を置くことなく知解することである（ut tota simul & non successive intelligatur）。（AT, X, 407）

（21）本章の注（18）で言及したフランクファートの著作、および次の文献を参照されたい。A. Kenny, *Descartes: a Study of His Philosophy*（New York: Garland, 1987（1968））.

（22）「自然の光」については本章の注（5）を参照されたい。

第Ⅱ部　デカルト哲学に対する批判的考察

第一章　「デカルトの循環」

序

本書第Ⅱ部においては、第Ⅰ部で詳細に論じ確認してきたデカルトの「観念」理論と「分析」理論を踏まえつつ、それらに対して批判的な検討を加えていく。第Ⅱ部での基本的な問題は、これらの「観念」理論と「分析」理論によって構築されるデカルトの学問体系が、デカルトが望んだような十全性を有しているかどうか、あるいは、それらの「方法」そのものがそもそも十全なのだろうか、というものである。このような問題に取り組むにあたって、まず本章では特に第Ⅰ部第三章と第四章で論じてきた「分析」理論に関連して、特に第四章で検討した「確実かつ不可疑」という分析の基準にまつわる問題について論じていこう。

第Ⅰ部第四章においてはデカルトの方法の特殊性を際立たせるために、彼の「確実かつ不可疑」という用語と「明晰かつ判明」という用語とを比較した。これら二つの表現はデカルト哲学においては同値のものとして捉えられることが多いが、少なくとも『省察』においてはこれら二つの用語を異なる意味内容を持つものとして明確に区別することが重要であることを指摘した。なぜならこれら二つの表現を明確に区別することによってこそ、「方法的懐疑」という分析によって見出された「私はある、私は存在する（*Ego sum, ego existo*）」という第一の真理の特権性が際立つものとなるからである。

しかし、すでに第Ⅰ部第四章においても多少言及していたように、この「確実かつ不可疑」という表現と

「明晰かつ判明」という表現との間の関係を明らかにしようとする際には、いわゆる「デカルトの循環」という問題を考察せずに済ますことはできない。第I部第四章ではその点についてはほとんど論及しなかったので、本章ではあらためてこの問題について考察を行う。この考察を行うことによって、デカルトの用いた方法の入り組んだ構造が多少なりとも明瞭となるだろう。

さて本章では次のように議論を進めていく。第一節では、『省察』本文とその反論と答弁における、いわゆる「デカルトの循環」という問題についてのデカルトと反論者たちとの議論のやり取りを参照する。「デカルトの循環」という問題はすでにデカルトが『省察』を出版する段階で表面化していたものである。したがってまずは『省察』のテキストを詳細に検討していくことによって、この「デカルトの循環」という問題がどのような性質を有するものであるのかを明らかにする。そして第一節で「デカルトの循環」における重要な問題点を二点指摘するのだが、第二節と第三節では、それらの問題点についての定評ある研究論文を取り上げつつ考察する。つまりこの「デカルトの循環」という問題に対する現代の代表的な解釈を二つ参照し、それらの解釈について検討を加えることになる。それら代表的な解釈のうちの一方は、第三省察冒頭の「明証性の一般的規則」は充分に確立されており、第五省察末尾の神の保証は「記憶」に属する知識に対する保証である、というものである。この解釈の主要な論考については本章第二節で考察する。もう一方の解釈は、第三省察冒頭の「明証性の一般的規則」はあくまでも主観的なものであるが、精神が「注意している」ということを伴えばこの規則は使用できる、というものである。この解釈の主要な論考については本章第三節で述べることにする。

第一節 「デカルトの循環」についての『省察』反論と答弁

本書第Ⅰ部第四章では、「分析」という方法に関わる「確実かつ不可疑」という基準について一つの問題を提起した。その問題とは、しばしばデカルト哲学において「確実かつ不可疑」という表現と「明晰かつ判明」という表現が同値と見なされているが、それらを置換可能なものとして捉えることは正当なのだろうか、というものである。この問題点を吟味し、第一省察でのデカルトの「分析」理論における基準をより明確にするために持ち出したのが、第三省察におけるいわゆる「明証性の一般的規則」である。デカルトは第一の真理である「私はある、私は存在する」とこの明証性の一般的規則を用いて神の存在を証明し、次いで疑いに付されていた残りの知識を再構築していくことになる。しかし周知の通り、この明証性の一般的規則は新たに「デカルトの循環」という問題を引き起こすことになる。

さて以下で明証性の一般的規則にまつわる、いわゆる「デカルトの循環」という問題を吟味していこう[1]。本書第Ⅰ部第四章第二節で、第三省察において明証性の一般的規則が導出される過程を検討した。この段階において明証性の一般的規則は確立されたようにも思えるが、たとえば第五省察の末尾に次のような記述が見受けられる。

> 私は、神があることを真に把握したあとに (postquam vero percepi Deum esse)、それと一緒にまた、その他のすべてのものが神に依存しているということ (caetera omnia ab Deo pendere)、そして神が欺く者でないことをも理解した。こうしてそこから私は、明晰かつ判明に私が把握するすべてものが必然的に真であることを結論した。(AT, VII, 70)

このような記述はいわゆる「デカルトの循環」という問題を引き起こすことになる。つまり明証性の一般的規則を用いた神の存在証明の過程においては、ある種の循環があるのではないか、という問題である。この問題はすでに『省察』本文に付された反論のいくつかにおいて指摘され、デカルトも答弁においてこれに答えている。以下では上記の引用箇所のような記述がなぜ、どのような形で問題を引き起こすことになるのかを、反論と答弁の記述を参照しながら確認していく。

この問題はまず『省察』の第二反論において次のように指摘される。

まだあなた［デカルト］は神の存在を確知しておらず、それにもかかわらずあなたはいかなるものについてにせよ確知することが、あるいは明晰かつ判明にあるものについて知ることが、先に神が存在することを確実にかつ明晰に認識しないならば、できない、と言っておられるのだから、あなたはあなたが思惟するものであるということを明晰かつ判明に知っていないということが帰結します。というのもあなたによれば、この認識は神の存在の明晰な認識に依存しており、また神の存在の認識を、あなたが「あなたがある」ということを明晰に知ったと結論した場所においては、まだ証明していなかったからであります。(AT, VII, 124-5)

この引用箇所では、「私は思惟するものである」という命題の定立が神の存在証明に拠っており、また神の存在証明がこの命題の定立に拠っているので、そこには循環論法がある、という指摘がなされている。このような指摘は上述の第五省察末尾の引用箇所における「その他のすべてのもの (caetera omnia)」のうちに、「私はある、私は存在する」という第一の真理も含まれると解釈した上でなされるものである。しかしながらこの第一の真理は神の存在証明に先立ち、第一・第二省察での方法的懐疑をかいくぐって「欺く神」という想定（形而上学的懐疑）を含めたすべての疑いを免れうるものとして定立されるものである。よって神の存在証明を論証し次いで数学的知識について論じているこの第五省察においては、上記の引用箇所のような解釈は妥当しないように思われる。つまり「私はある、私は存在する」という第一の真理は「その他のすべてのもの」からは除外されると考えられる。

それでは、デカルト自身は上記のような反論に対してどのように答えているのだろうか。デカルトは第二答弁において次のように言う。

「まず先に神が存在するということをわれわれが知らなければ何ものをもわれわれは確実に知ることはできない」と私が言ったその箇所で、私は明瞭な言葉でもって、「結論の記憶（memoria）はそれらがそこから演繹される論拠にもはや注意を向けない（non attendere）時に舞い戻ってくることがありうる[2]」ものなのだが、それらの結論の知識についてだけしか語っていない、ということを証明しておきました。（AT, VII, 140）

ここでデカルトは、「われわれが現に明晰かつ判明に把握しているもの」と、もはや注意を向けていない「われわれが現に明晰かつ判明に把握したことのあるもの」とを明確に区別し、神に依存するのは後者のみであるとすることによって先の指摘を斥けようとした、と解されうる。

しかしこのような区別を行って、後者（記憶に属する知識）にのみ神の保証が必要であり前者（現前の明証知）には必要ない、とする解釈が果たして妥当なものであるのかは疑問の余地がある。その点に関しては本章第二節でこのことについて論じている研究論文を参照しつつ論じるが、その前にまずはデカルトの循環をより的確に指摘したアルノーの第四反論を見てみる。

彼［デカルト］が、「われわれが明晰かつ判明に把握されるものは真であるということがわれわれにとって確定するのは、神があるということによってのみである」と言う時に、循環（circulus）はいかにして引き起こされないだろうか。というのも、われわれにとって神があるということが確定するのは、その認識がわれわれによって明晰にかつ明証的に把握されるということによってのみであり、それゆえ、われわれにとって神があるということが確定するその前に、われわれによって明断にかつ明証的に把握されるものは何であろうと真である、ということがわれわれにとって確定しなければならない。(AT, VII, 214)

このアルノーの反論は次のことを意味している。それはつまり先の第二反論のように「その他のすべてのもの」の中に第一の真理が含まれないとしても、神の存在を証明する際にはその第一の真理と明証性の一般的規則が必要である。しかし先述の第五省察末尾の引用箇所の記述からは、神の存在が証明される前ではなく、神の存在が証明されたあとの時点において明証性の一般的規則が定立されたという解釈が導き出されうる。このように解釈されるとするのならば、デカルトは明らかに循環論法を犯していることになるだろう。

デカルトは第二答弁において、「われわれが現に明晰かつ判明に把握しているもの」と、「われわれが現に明晰かつ判明に把握したことのあるもの」とを明確に区別するかのような記述をしていた。このことによってアルノーの反論に論駁することができるだろうか。デカルトは第四答弁において先の第二答弁を参照するよう述べた上で次のように言う。

第一に、われわれは神が存在することを確証する論拠に注意を向けるので、神が存在することがわれわれにとって確定するのです。そのあとでは、われわれがあるものについて明晰に把握したと思い出すことは、それが真であるということをわれわれが確知するのに充分であります。しかし、神がありそして欺かぬということをわれわれが知らないならば、思い出すだけでは充分ではありません。(AT, VII, 246)

ここでデカルトが強調しているのは、神の存在証明においては、「われわれは神が存在することを確証する論拠に注意を向ける(attendere)」、言い換えれば論拠を現に明晰かつ判明に把握するので、「神が存在することがわれわれにとって確定する」、ということである。この点に留意すると上記の引用箇所からは、注意を向けることによって「現前の明証知」の確実性が保証されているという解釈が導き出されうる。すなわち一方では第三省察冒頭において明証性の一般的規則が確立されて、「現前の明証知」に関してその確実性が保証され、他方では第五省察末尾においてその確実性を保証されるのは、かつて現に明晰かつ判明に把握したが、今はその論拠に注意を向けていないものである、ということになる。

つまり先の第五省察末尾の部分では、「欺かない神」の存在が証明されたことによって、現に明晰かつ判明に把握されるものの確実性と同様に、かつて明晰かつ判明に把握されたものも、それを導き出す論証の過程が正しいものであったならば、その論拠に注意を向けていないときにもその確実性を常に保証されている、と述べられていると解釈できる。このように、「われわれが現に明晰かつ判明に把握しているもの」と「われわれが現に明晰かつ判明に把握したことのあるもの」とを明確に区別することによって、循環は避けられているように思われる。

しかしながら果たして神の保証が必要なのは、記憶に関わるとされる「われわれが現に明晰かつ判明に把握したことのあるもの」だけであろうか。「われわれが現に明晰かつ判明に把握しているもの」の確実性はわれわれがそれに注意を向けているというそのことだけで充分確保されるのであろうか。この点に関しては本章第三節で論じることにする。

第二節　「記憶の保証」についての批判的検討

前節では「デカルトの循環」という問題に関して、『省察』本文および本文に付された反論と答弁の中から、この問題に関わる記述を抜き出し問題を整理した。前節で確認したように、デカルトは第二答弁と第四答弁で、指摘された循環問題に対して一応は解答を与えている。ただしその記述では不充分であり、十全にこの問題を解いているようには思えない。この「デカルトの循環」という問題は本書第I部で確認したようにデカルトの「分析」理論に深く関わるものである。よってこの問題にどう対処するかは、デカルトの「分析」という方法をどう評価するかにも密接に関係している。

さて本節で検討を加えていくのは本章第一節で第二反論と答弁の記述を参照した際に言及した解釈である。それはつまり「われわれが現に明晰かつ判明に把握しているもの」については神の保証は必要ではなく、ただ「われわれが現に明晰かつ判明に把握したことのあるもの」にのみ、つまり記憶に属する知識にのみ神の保証が必要なだけである、という解釈である。このような解釈を採用する文献で著名なものは、ドネーの「デカルトの循環（The Cartesian Circle）」（一九五五年）という論文である。(3) 以下でこの論文の内容を簡潔にまとめ検討を加える。

ドネーはまずこの論文の冒頭で、デカルトの『省察』に対してなされる批判の最も共通的なものが、「デカルトの論証は循環している」というものであることを指摘する。そしてドネーはこの論文でデカルトを擁護し、「デカルトに循環論証という罪はない」ことを証明しようとする。それではドネーはどのように「デカルトの循環」という問題を解決するのだろうか。ドネーはまず、デカルトが言うところの「われわれが明晰かつ判明に把握するものは真である」という言明（the statement that what we clearly and distinctly perceive is true）が実質的に二つの意味を有していると指摘する。その一つ目の意味とは、「実際に目下明晰かつ判明に把握しているものは真である（what in fact someone at present clearly and distinctly perceive is true）」というものである（これを「意味（1）」とする）。もう一つの意味とは、「明晰かつ判明に把握したと思い起こすものは真である（what someone recalls having clearly and distinctly perceived is true）」というものである（これを「意味（2）」とする）。そして

「意味（1）」に関してドネーは、現前の明晰かつ判明な把握は決して疑いにさらされないと断定している。つまりドネーによれば、現前的に明晰かつ判明に把握されたものは何であれその真理の保証人としての神には依存しない。これに対して「意味（2）」に関してドネーは次のように述べる。それはつまり、記憶が関係し現在の状態が明晰かつ判明でないときには、われわれは神の存在を知らなければ明晰かつ判明に把握するものが真であることをいかなる疑いの余地もなく確信することはできない。したがって記憶は誤りうるものであるので、神はその記憶の使用を擁護しなければならない。しかし神の存在を知る（神の存在を証明する）には、「意味（1）」においても、「意味（2）」においても「明晰かつ判明に把握するものが真である」ことを知っておかねばならない。というのも神の存在を証明するにはある程度の長い論証を必要とするからである。つまり現前の明証知だけでなく記憶の使用も必要となる。そうなるとやはりここには循環があるのではないか。

しかしながらこのような問題に対してドネーはこう主張する。つまり神の存在を知ることには記憶の助けを必要としない、と。言い換えれば、神の存在を強制的に信じさせる諸理由を一目で明晰かつ判明に把握できる、と主張するのである。つまりドネーの言う「意味（1）」が正しければ、循環に陥ることなく神の存在を証明できることになる。このようなドネーの考察は、デカルトの『精神指導の規則』における「理性は適切に導かれれば不可謬であり、論証における誤りは記憶に存する」という考えに拠っている。(4)

さてドネーは上記のことを主張したあと、この主張を立証するための議論を展開していく。紙幅の関係上ここでは詳細は省いて議論の筋だけを追っていく。ドネーがまず言及するのは、記憶を使用することなしに理性によって知られるものは一体何であるか、ということである。ドネーによれば、もっとも単純な数学的言明でさえも、記憶が関わると不確かになる（幾何学の証明問題など）。ただ公理や第一原理、直観的真理は、それだけでなら確実であるとする。そして記憶が関わるような長い論証であっても、論証の各ステップが現前的に明晰かつ判明に把握され、それぞれのステップが演繹[5]によって正しく結合され、その上で演繹に要する時間が限りなく短くなり、あたかも論証全体を一時に明晰かつ判明に直観できるということになれば、記憶を使用することなしにその論証が真であることを知ることができる。[6]ドネーはそのような仕方で、神の存在証明を記憶の使用なしに成し遂げることができると論じている。つまり神の保証を必要としない「意味（1）」のみで神の存在が証明され、それによって「意味（2）」の正しさも保証されることになるのである。

以上がドネーの論文の主旨である。この論文の後半部分では、ドネーは自身の主張に不利となるようなデカルトの記述をいくつか取り上げつつ一つ一つ論じている。しかし最終的にドネーはこの「デカルトの循環」に対する彼の上記のような解釈を強く主張している。このようにドネーは論点を明確に絞って、「明晰かつ判明に把握すること」の内実に二種類あることを指摘し、その一方（「意味（1）」つまり「現前的に明晰かつ判明に把握しているものは真である」）は神の保証を必要とせず、他方（「意味（2）」つまり「明晰かつ判明に把握したと思い起こすものは真である」）にのみ、神の保証が必要である、と論決している。つまりデカルトが第五省察末尾（本章第一節で最初に引用した箇所）で言及しているのは、「意味（2）」についてだけである。そしてそう区別することで、神の存在証明を「意味（1）」によって成し遂げることが可能となるのであり、その神の存在証明が成立したあと「意味（2）」が（欺かない）神の存在によって保証され、循環論証は解消されることになる。

しかしながらドネーの議論ではそもそもの「意味（1）」つまり「現前的に明晰かつ判明に把握しているものは真である」ということが、いかなる根拠によって神の保証がなくとも正しいものであるのかは充分立証されていない。それに加えて第三省察での神の存在証明が、ドネーが主張するように一切の記憶の使用なくして成立するのかどうか、という点についても議論の余地がある。したがってドネーのこのような主張をそのまま受け入れることはできない。

前段落までで参照してきたこのドネーの論文に直接反論を加えているのがフランクファートの「記憶とデカルトの循環（Memory and the Cartesian Circle）」（一九六二年）という論文である。[7] ドネーのような解釈の成否を吟味するために、今度はこのフランクファートの論文について内容をまとめ検討していく。

まずフランクファートは前述のドネーの論文を次のように特徴付ける。それはつまりドネーの解釈によると、デカルトは誠実なる神が存在することでもって理性の正当化を試みたのではなく、記憶の信頼性を正当化しようとした、というものである。つまり形而上学的懐疑は記憶の信頼性に関わるものである、という解釈である。フランクファートはドネーの解釈をこのように捉えた上で、その解釈の問題点について一つ一つ論及していく。

フランクファートがまず論じるのは次の点である。ドネーの見方によれば、デカルトは記憶の信頼性についてのあらゆる疑いは誠実なる神が存在することを知ることによって払拭されると信じていた、となる。しかしフランクファートはこのような説をデカルトが受け入れていたとは到底思えないと指摘する。つまりデカルトが「明晰かつ判明な把握についてのあらゆる記憶はそれらの信頼性への絶対的な確信（欺かない神によって保証される）でもって受け入れられうる」と信じていたと想定することはほとんど不可能である。なぜなら記憶が時々誤るあるいは欺くことは誰でも知っているし、デカルトも同様であるからである。[8]

さらにフランクファートは、そもそも形而上学的懐疑が、ドネーが捉えているような記憶の信頼性に関する懐疑ではないということを指摘している。フランクファートはそのように考える根拠として、『省察』第二答弁の次の箇所を挙げている。

他にもまた確かに、その認識が依存しているところの諸々の根拠にわれわれが充分に注意している時には、非常に明晰にわれわれの知性によって把握され、そうしてそれゆえにその時にはわれわれはそれらについて疑うことができない、というものもあります。しかしわれわれはそのような根拠・理由を忘れてしまって、その間はそこから演繹された諸々の結論だけを思い出す（recordari）ということがありえます。したがってこれらの諸々の結論についてもまた、堅固で不変の確信が持たれるかどうかが、尋ねられることになります。もっとも、これらの結論そのものが明証的な原理から演繹されたものであるということをわれわれが思い出す限りで（quandiu recordamur ipsas ab evidentibus principiis fuisse deductas）ですが。というのは、結論が言われうるためには、この想起が想定されていなければならないからです。そこで私は次のように答えます。この確信はなるほど、神から自分たちに付与されている知解する能力が真理へ向かわないということはありえないと知解するほどまでに神を知っている人々には持たれるものですが、しかしそれ以外の人々には持たれることはないのである、と。（AT, VII, 146［傍点引用者］）

つまりここでデカルトが述べているように（引用箇所の傍点部分）、想起することの正確さは当然のものとされている。言い換えれば、想起の正確さが当然とされているがゆえに、欺く神という形而上学的懐疑が生じる可能性が出てくるわけである（想起の正確さそのものがあやしいのならば、それは形而上学的懐疑以前の問題である）。したがってフランクファートによれば、デカルトにとって問題であるのは、記憶が信頼できるかどうかではなく、想起されたものが、つまり明証的な原理から演繹された何らかのものが、問題となっている結論の真理性を確立するのに必要充分なものであるかどうか（つまりあらゆる種類の懐疑に耐えうるものであるかどうか）、である。

このようにしてフランクファートはドネーの解釈を論駁している。ただしかし第五省察末尾の記述（本章第一節で最初に引用した箇所）によってデカルトは現前の明証知を正当化しようと試みたのではない、という点に関しては、フランクファートもドネーに同意している。つまりフランクファートもドネー同様「われわれが現前的に明晰かつ判明に把握していることは真である」ということを神の保証なくわれわれは知りうると認めている。

以上のようにドネーの論文に対して反論を加えたフランクファートの論文の内容をまとめ論じてきた。上記で引用したフランクファートが参照しているようなデカルトのテキストから判断すると、やはりドネーが解釈しているような、神の誠実性は記憶の信頼性を保証しようとしている、という見解には不備がありそうである。ただしその場合、デカルトが第五省察末尾で述べているような、神を知ることによって保証される、われわれが明晰かつ判明に把握するもの、とはいったい何であろうか。それにそもそもドネーやフランクファートが何の疑問もなく受け入れている神の保証のいらない現前の明証知も、本当に形而上学的懐疑を免れうるのだろうか。少なくともこれまで参照してきた二つの論文においては、その点についての充分な論証は見当たらない。次節ではこのような疑問点に関して詳細に論じている文献を参照し論証を重ねていく。

第三節　「コギトの注意のはたらき」についての批判的検討

本節では「デカルトの循環」という問題に対する、前節で取り上げた解釈とは別のタイプのものを検討する。前節で論及した解釈はまず、「われわれが明晰かつ判明に把握するもの」を「われわれが現前的に明晰かつ判明に把握しているもの」と「われわれが明晰かつ判明に把握したと思い起こすもの」の二つに分ける。そして誠実なる神の保証が必要なのは後者であって前者には必要なく、前者のみによって神の存在証明を成し遂げることができる、というものであった。この解釈については前節で著名な研究論文を参照し、この解釈の成否を検討した。そこでの結論は、そもそもデカルトが第五省察末尾（本章第一節で最初に引用した箇所）で神の保証が必要であると主張したのは、「われわれが明晰かつ判明に把握したと思い起こすもの」という記憶に属する知識ではなく、しかも「われわれが現前的に明晰にかつ判明に把握しているもの」によって神の存在証明を十全な形で成し遂げることができるかどうかについては疑問の余地がある、ということであった。これから本節で取り上げる別の解釈は、神の誠実性が保証するのはそもそも記憶に属する知識ではないとするものであり、それに加えてコギトの注意のはたらきによって神の存在証明は循環に陥ることなく達成されうる、というものである。本節ではこの解釈に検討を加えつつ、本書第Ⅰ部第四章で論じた「確実かつ不可疑」と「明晰かつ判明」という用語について再び考察する。

さて「デカルトの循環」についてのもう一つの解釈を参照する前にその準備として、第三省察の神の存在証明を遂行するにあたっての道具立てをもう一度確認しておこう。「デカルトの循環」という問題の要となる第三省察の神の存在証明であるが、本書第Ⅰ部第四章第二節で簡単に触れたように（この第三省察の神の存在証明の詳細な過程については次章で検討を加える）、この証明には方法的懐疑によって見出された「私はある、私は存在する」という第一の真理と、いわゆる「明証性の一般的規則」に則って真とされる様々な概念・原理が用いられている。「明証性の一般的規則」によって真とされるこれらの概念・原理の多くは、『省察』第二答弁末尾に添えられている「諸根拠」の「公理すなわち共通概念」に数え入れられていることはすでに確認した（本書第Ⅰ部第四章第二節参照）。そして『哲学原理』第Ⅰ部第一三節などを参照すると、これらの「公理すなわち共通概念」が、確実性の階層において論理学的知識・数学的知識の階層に属していることが明らかになる（AT, VIII-1, 9）。本書第Ⅰ部第四章第二節では、上記のことを手掛かりに次のように論じた。つまりこれらの「公理すなわち共通概念」は明証性の一般的規則からすれば充分真として捉えられるものであるが、方法的懐疑の過程における形而上学的次元からすれば、充分疑いに付すことができるものである、と。したがってこれら「公理すなわち共通概念」と「私はある、私は存在する」という第一の真理との間には断絶があるのである。そしてこのことは、「明晰かつ判明」という概念と「確実かつ不可疑」という概念との間にもある種の断絶があることを示唆している。この断絶によって「私はある、私は存在する」という第一の真理は特権性を獲得することになる。

しかしながらこの断絶は明らかに神の存在証明の遂行を阻害する。この断絶がある限り、つまりこの第一の真理が有している「確実かつ不可疑」性を厳格に受け入れる限り、「公理すなわち共通概念」には、「明晰かつ判明」であっても「確実かつ不可疑」でない可能性が常に付きまとうことになる。そうであればそのような「公理すなわち共通概念」を用いて遂行される神の存在証明という論証も不確かな脆いものでしかない。この状況を打破する方途はないのであろうか。

その方途の手掛かりとして、たとえば「公理すなわち共通概念」について参照した『哲学原理』第Ⅰ部第一三節には次のような記述がある。

精神はこのような証明がそこから演繹されたところの前提に注意している（attendere）間は、この証明やそのような類のものが真であることを確信する・自らに納得させる（sibi persuadere）[9]。（AT, VIII-1, 9）

上記の引用箇所にあるこの「注意している」ということに着目し、この「注意」というはたらきに支えられた第三省察での神の存在証明は有効であって、そのことから神の存在は充分に証明され、その結果、第三省察の冒頭部では単に主観的で暫定的であった「明証性の一般的規則」も客観的妥当性を有するものとなる、という解釈がある。本節で取り扱うのはこのような解釈であり、以下この解釈について検討を加えていく。

このような解釈を採用している代表的な人物はロディス＝レヴィスである。ロディス＝レヴィスは『デカルトの著作と体系（*L'Œuvre de Descartes*）』（一九七一年）[10]の第五章第六節で「デカルトの循環」問題について論じている。ロディス＝レヴィスはまず、いわゆる「明証性の一般的規則」が、それが提示された第三省察冒頭の箇所（AT, VII, 35［本書第I部第四章第二節参照］）では未だ基準ではないことを指摘する。つまりこの箇所には「私には思える（videor, il me semble）」という表現が使用されているからである。しかしロディス＝レヴィスの指摘によれば、この表現は他方で無制限に全般的になされる疑いというものは不可能であるということを発見したばかりの者（つまり方法的懐疑の過程の中で「私はある、私は存在する」という第一の真理を見出した者）の自発的な確信（confiance spontanée）をも示唆している。このような確信が形而上学的懐疑にさらされながらもコギトの明証知を拡張していくことへと結びついていくことになる。

そのことを明確に示しているのが第三省察の次の叙述である（本書第I部第四章第二節でも引用し論じた）。

まったく明晰に把握していると私が確信している当のものどもに向かうそのたびごとに、まったくそれらによって説得されて、自ずと次のような言葉が口をついて出てくる。できるものは誰であろうと私を欺くがよく、しかし彼は、私が何ものかであると私が思惟するであろう間は、私が無であるという事態を、あるいは、私のあることが現に真であるからには、私がかつてあったことはないということがいつか真であるという事態を、あるいはまたもしかして、二に三を加えると五よりも多くなったり少なくなったりするという事態を、あるいは同じような、すなわち明白な矛盾をそこに認める事態を引き起こすことは決してない、と。（AT, VII, 36）

この箇所では、「私はある、私は存在する」という第一の真理が有している不可疑性が、一見して論理的知識や数学的知識にまで拡張されている。しかし引用文中にもあるように、欺く神の可能性はそのまま残っているのである。確かに「懐疑の理由は極めて薄弱なものであり、そう言っていいなら、形而上学的である（valde tenuis &, ut ita loquar Metaphysica）」（同上）。それでもやはり、懐疑の可能性は論理的には残っている。このような欺く神という形而上学的懐疑を完全に払拭するためには、欺かない神の存在を証明せねばならない。しかし誇張的懐疑の効力が未だ有効な中、どのような道具立てでもって循環に陥らずに証明が可能なのだろうか。

そこでロディス＝レヴィスが着目するのは、先の引用箇所の「まったく明晰に把握していると私が確信している当のものどもに向かうそのたびごとに、まったくそれらによって説得される（quoties vero ad ipsas res, quas valde clare percipere arbitror, me converto, tam plane ab illis persuadeor）」（同上）という事態である。この場合も誇張的懐疑は現前的に明晰かつ判明に把握しているものに対して効力を発揮している。しかしながら「私はある、私は存在する」という第一の真理と並び立てられていた数学的・論理的知識の真理性が明白であるのは、「それらが明晰かつ判明に理解される間（quamdiu clare & distincte intelliguntur）であって、というのもわれわれの精神は明晰に理解するものに同意しないようにすることができない、という本性のもの（mens nostra est talis naturae, ut non possit clare intellectis non assentiri）だからである」（AT, III, 64［一六四〇年五月二四日レギウス宛書簡］）。そしてロディス＝レヴィスは現前の明証知に対する人間精神のこのような本性をデカルトが再三強調していることを指摘し、現前という事態を境界画定する「注意」というはたらき（l'attention qui délimite la présence）の重要性を指摘する。この注意のはたらきこそが論証の連鎖を精神の同一の眼差しによって把握することを可能にする。思惟が「注意」というはたらきによって論証の連鎖に専心するとき、思惟はその論証の真理性をまったく確信してしまう。このとき論証の連鎖に注視しているコギトは形而上学的懐疑の可能性を考えることができず、論証の真理性に説得され、それが学知を有することにつながっていく。

以上「デカルトの循環」という問題に関する、特に現前の明証知ということに関する、ロディス＝レヴィスの解釈を論及してきた[11]。この解釈によれば、思惟の「注意」というはたらきによって神の存在証明が成し遂げられ、「デカルトの循環」という問題も無事に解決されることになる。しかし果たして問題はうまく解決されるのだろうか。以下ではこの点を吟味していく。

先に見たように、精神が証明における諸々の論拠に「注意する」ということでもって神の存在証明の妥当性を主張するロディス＝レヴィスは、そのように「注意する」間は、われわれは明晰かつ判明に把握するものに同意せざるをえないという本性を有している、ということをその主張の論拠として挙げている。このことはデカルト自身が『省察』の中でもたびたび述べていることである。たとえば第五省察には次のような叙述がある。

〔前略〕私の精神には、少なくともそれらを明晰に把握している限りは、やはりそれらに同意せずにいることはできない、という本性（natura）があることは確かであって〔後略〕。(AT, VII, 65)

〔というのも〕私が何かを極めて明晰かつ判明に把握している限りでは、それが真であると信じないでいることはできない、という本性（natura）に私は属しているので〔後略〕。(AT, VII, 69)

上記の引用箇所に記されているような「本性」を「私」は有しているので、「明証性の一般的規則」がたとえ主観的で暫定的なものであるとしても、それを用いて論証し、論証しえたものを真として結論付けることになる。そしてそのような論証において神の存在と神の誠実性が証明され、「明証性の一般的規則」が単に主観的で暫定的であるのではなく客観的妥当性を有することになる。そのことによって第一省察での「欺く神」といった形而上学的懐疑も斥けられることになる。

さてこのような「本性」を「私」が有するからといって「明証性の一般的規則」を用いた論証の確実性は確保されるのだろうか。確かに「2＋3＝5」といった数学的命題に注意を向けている限り、それは明晰かつ判明に把握され、それが真であると納得してしまう。しかし一旦それから注意をそらし、たとえば「欺く神」といった想定が「私」の精神のうちに現れてくると、先の数学的命題は形而上学的懐疑に付されてしまうことになる。第三省察における神の存在証明においても、そこで用いられている「自然の光によって」明らかな様々な概念・原理は、それのみに注意を向けている間は確かに明晰かつ判明に把握され、それが真であることを認めざるをえないものであろう。しかしこれらは「私はある、私は存在する」という第一の真理とは異なって、形而上学的懐疑を免れえないものである。もしそれらが形而上学的懐疑を免れることができるとすれば、あの第一省察から第二省察にかけての徹底的な誇張的とも呼べる懐疑の過程は一体何であったのか。やはり本書第Ⅰ部第四章で論じたように、「明晰かつ判明」であることと「確実かつ不可疑」であることは厳格に区別されねばならないだろう。

さらに、十全な神の存在証明を遂行するのであれば、単に明晰かつ判明にわれわれが把握するものにだけ注意を向けるのではなく、形而上学的懐疑にまでも注意を向けて、それらも論証のうちに含めた上で証明を行ってゆかねばならない。つまりデカルトが採用した方法的懐疑の基準に従うならば、明晰かつ判明に把握するものについて、それが必ずしも形而上学的懐疑を免れうるわけではないということにまで注意を向けることが必要である。それなのに、第三省察において明晰かつ判明に把握されると主張される概念や原理に関しては、デカルトはそれ以前の第一省察や第二省察の方法的懐疑の過程において見られたような緻密な議論を行っていない。明晰かつ判明に把握されるのだから、それ以上の議論は必要ないのかもしれない。しかし、「確実かつ不可疑」という基準を忠実に受け止めるのならば、「明晰かつ判明」であっても形而上学的懐疑を免れうるわけではなく、したがって「デカルトの循環」を回避することは困難なままであろう。

以上のように本節では精神・思惟の「注意する」というはたらきに注目し、「デカルトの循環」という問題を解こうとしたロディス＝レヴィスの解釈を検討してきた。ロディス＝レヴィスが指摘するように、デカルトが繰り返し強調する「明晰かつ判明に把握するものに注意を向けている限りは、それに説得されてそれが真であると信じざるをえない」という「本性」を人間が有しているというのは事実かもしれない。しかしだからといってデカルトが用いた「方法的懐疑」という分析の作業を厳密に受け取るならば、つまり単に「明晰かつ判明」というだけでなく「確実かつ不可疑」であるという基準を採用するならば、ロディス＝レヴィスの解釈をそのまま受け入れることはできないと考えられる(12)。

結　語

本章では、第Ⅰ部第三章と第四章で確認してきた、デカルトの「分析」理論の特徴を踏まえつつ、その「分析」理論から生じる問題の一つである「デカルトの循環」について考察してきた。著者は第Ⅰ部第三章でデカルトの「分析」理論における基準が「確実かつ不可疑であること」と、結論付けた。そして第Ⅰ部第四章においては、その「確実かつ不可疑」という基準の特徴をより明らかにするために、デカルトの著名ではあるが実際上その意味内容が充分明らかとはいえない「明晰かつ判明」という概念と比較し、考察してきた。そこで結論付けられたのは、『省察』の「分析」理論においては、「明晰かつ判明」という概念と「確実かつ不可疑」という概念は同一視できないということである。つまり、「明晰かつ判明」であることは「確実かつ不可疑」であるための必要条件ではあるが、充分条件ではない、ということである。

これらの考察を踏まえた上で、本章ではこのデカルトの「分析」理論がはらんでいる問題の一つである「デカルトの循環」という問題を、先行研究を参照しつつ論じてきた。本章ではこの問題を解決するための解釈として代表的なものを二つ取り上げた。一つ目のものは、デカルトが第五省察末尾で神の保証が必要であると主張したのは、「われわれが明晰かつ判明に把握したと思い起こすもの」という記憶に属する知識であって、「われわれが現に明晰かつ判明に把握しているもの」という現前の明証知については神の保証によらなくともその真理性は確保されている、というものであった。そしてこの現前の明証知を用いて神の存在証明も成し遂げられる、というのもこの解釈が主張することである。しかし第二節で検討したようにこの解釈を受け入れることはできない。神の誠実性が保証するのはそもそも記憶に属する知識ではないし、現前の明証知のみで神の存在証明が成し遂げられるかどうかも疑問の余地が残るからである。

そしてもう一つの解釈は、神の誠実性が保証するのはそもそも記憶に属する知識ではないとするものであり、それに加えてコギトの「注意する」というはたらきによって現前の明証知の真理性は確保され神の存在証明は循環に陥ることなく達成されうる、というものである。しかしこれも第三節で検討したように、本書第Ⅰ部で確認したようなデカルトの「分析」理論、特に「確実かつ不可疑」という基準に忠実に従うならば、精神の「注意する」というはたらきによっても現前の明証知の真理性は確保されず、「デカルトの循環」という問題は解決できないと考えられる。このような帰結をどのように評価すべきであろうか。詳細は第Ⅱ部の残りの考察を終えたあと、本書全体の結論部（「おわりに」）において著者の見解を示したいと思う。

［注］

（1）この「デカルトの循環」という問題に関してはこれまで数多くの論文が書かれており、また、デカルトの思想についての体系的な著作においても、この問題は必ずといってよいほど取り上げられている。そういった論文・論考のすべてを一つ一つ吟味していくことは本章では不可能なので、本章ではこの問題についての代表的な二つの解釈を取り上げ、それについて批判的に吟味する。なお、「デカルトの循環」についての主要な論文を集めたものに、次のようなものがある。W. Doney (ed.), *Eternal Truths and The Cartesian Circle: A Collection of Studies*（New York & London: Garland Pub., 1987）.

（2）デカルト自身が第五省察で述べているのは次の通りである。

［前略］以前に下した判断の記憶（memoria judicii ante facti）がしばしば戻ってくることがある。そして当のもの［当の意見・知識］をそのように私が判断した際のその理由にもはや注意を向けないときには（cum non amplius attendo ad rationes）、何か別の理由がもたらされるのであって、もし神を知らないのならば、その理由によって私はその意見［以前に判断を下したこと］を容易に捨て去ってしまうかもしれない。（AT, VII, 69）

（3）W. Doney, ‘The Cartesian Circle’, *Journal of the History of Ideas*, vol. 16（1955）, pp. 324-38［reprinted in W. Doney, *Eternal Truths and The Cartesian Circle: A Collection of Studies*（New York & London: Garland Pub., 1987）, pp. 30-44］.

（4）この「記憶」の不確かさについて、たとえばデカルトは『精神指導の規則』第七規則で次のように述べている。

というのも実際、この演繹は時折非常に長い推論のつながりを通してのものであるので、それらの真理にわれわれが到達したときに、われわれは自分たちをそこまで連れてきた道のりの全体を簡単には思い出せないほどである（non facile recordemur）。それゆえに記憶力の弱さを思惟のある種の連続した運動によって援助せねばならない（memoriae infirmitati continuo quodam cogitationis motu succurrendum esse）、とわれわれは言うのである。（AT, X, 387）

（5）演繹（deduction, deductio）については本書第Ⅰ部第四章の注（1）を参照されたい。

（6）ドネーのこのような議論は『精神指導の規則』第七規則の次の記述に拠っている。

個々のものを直観すると同時に他のものへと移動する想像力の何らかの連続した運動によって、私はそれらの関係に何度も目を通したので、記憶の部分をほとんど残すことなしに事物全体が同時に直観されていると私に思えるほど、最初のものから最後のものに至るまですばやく移動することを私は学ぶであろう（donec a prima ad ultimam tam celeriter transire didicerim, ut fere nullas memoriae partes relinquendo, rem totam simul videar intueri）。（AT, X, 388）

（7）H. Frankfurt, 'Memory and the Cartesian Circle', *Philosophical Review*, vol. 71（1962）, pp. 504-11［reprinted in G. Moyal（ed.）, *Descartes: Critical Assessments*（4 vols., New York & London: Routledge, 1991）, vol. 2, pp. 354-61］. ちなみに、上記のフランクファートの論文の直接の続編が次の文献である。H. Frankfurt, 'Descartes's Validation of Reason', *American Philosophical Quarterly*, vol. 2, no. 2（1965）, pp. 149-56［reprinted in G. Moyal（ed.）, *Descartes: Critical Assessments*（4vols., New York & London: Routledge, 1991）, vol. 1, pp. 263-75. なおこの論文は、『現代デカルト論集II　英米篇』（デカルト研究会編、勁草書房、一九九六年）に訳出されている］.

（8）たとえばデカルトは、『哲学原理』第I部において、すでに神の存在を証明したあとの第四四節で、次のように述べている。

［前略］しかしながらわれわれは非常にしばしば、次の点において誤るのである。それはつまりわれわれは多くのものを、かつてわれわれによって把握されたものだと思いなして、しかし実際にはそれらのものを決して把握してはいないのに、記憶に教えられて、まるですっかり把握されているものであるかのように、それらに同意してしまう、ということである。（AT, VIII-1, 21）

（9）この「persuadere（納得させる）」ということに関して、デカルトは書簡（レギウス宛、一六四〇年五月二四日）において次のような興味深いことを述べている。「学（scientia）とは実に、何かより強力な理由・根拠（ratio）によっても決して揺り動かすことができないほどの強力な理由・根拠（ratio）による、説得・納得（persuasio）である」（AT, III, 65）。このような記述から、デカルトが主観的な「確信」から客観的な「学」への移行を目論んでいたことを読み取ることもできよう（その成否はともかくとして）。

（10）G. Rodis-Lewis, *L'Œuvre de Descartes*（2 vols., Paris: Vrin, 1971）, vol. 1, Chapitre V, §6, pp. 261-9［邦訳『デカルトの著作と体系』（小林道夫・川添信介訳、紀伊國屋書店、一九八八年）、二七九―八八頁］.

（11）本節で検討したロディス＝レヴィスを始め、本書第I部第四章の注（17）で挙げたカーリーや、ベイサードなども、デカルトのいう「確信」を手掛かりに「デカルトの循環」問題を好意的に解消しようとしている。たとえばベイサードは次の文献で、コギトの確実性から明証性の一般的規則の確実性への移行、および欺く神という想定による明証性の一般的規則の不確実性への逆行について詳細に論じている。ベイサードはこの揺れを解決する手掛かりとしてコギトの「確信」を挙げている。Jean-Marie Beyssade, *Études sur Descartes* (Paris: Éditions du Seuil, 2001), pp. 125-51.

(12) ちなみにロディス＝レヴィスはコギトの特権性については次のように述べている。

「コギト」の特権性とは、これのみが、この上なく能力がある欺く者という仮定の再発現に抵抗しうる、ということである（Le privilège de *Cogito* est de résister seul à la réactivation de l'hypothèse du plus puissant trompeur）。（*L'Œuvre de Descartes*, p. 267）

つまり「私」は、自分が欺かれていると考えると同時に、そう考えている自分の意識と合一している。つまりそこにおいて「わたしがある」ことが真理となる。このような自己への説得行為というのは、完全な知（parfait savoir）である、とロディス＝レヴィスは指摘する（この点については本章の注(9)を参照）。というのもこの知は絶対に揺らぐことがないからである。しかし、このコギトの特権性から、神の存在証明を成し遂げるにあたっての公理や共通概念といったものが、コギトの特権性と同じレベルの真理性をもって導き出されるのかどうかは、本節で議論したように著者にとっては疑問である。

第二章　デカルトの自然主義的性格

序

周知の通りデカルトの哲学においては、まず形而上学が確固不動たるものとしてあり、自然学はそこから導出されるものとして位置付けられている。本書第I部第三章において確認したように、デカルトは彼の主著である『省察』において、その形而上学を「方法的懐疑」をはじめとする「分析」という方法に則って叙述している。そして彼の自然学については、第六省察やのちの『哲学原理』第II部以降で展開されることになる。しかしこの形而上学から自然学へという流れが『省察』や『哲学原理』において明瞭に現れるに先立って、本書第I部第一章で確認したように、彼は自然学に関わる考察を数多く行っている。(1) そのような自然学に関わる考察は、彼の意図とは逆に『省察』の形而上学的論証構造そのものに影響を与えてはいないだろうか。本章では自然学から形而上学へというこの逆の影響関係の有無を、(2) デカルトの自然学（『世界論』や「屈折光学」など）と形而上学（『省察』など）の両者の論証において重要な役割を果たしている「観念」という用語を手掛かりに考察する。特に本書第I部第一章で確認したような自然学において現れる「観念」用法を重視し、それを念頭に置いた上で、形而上学的な議論が展開されている第三省察の神の存在証明周辺において、「観念」という用語とそれを含む論証構造そのものの背景に自然学的な論理が隠れていないかどうか、を考察する。

したがって本章の議論は、いわゆる「認識理由の順序」に従えばまだ確証されていないものを論証に持ち込まない、というデカルトの態度（この場合、形而上学の議論に自然学の論理を持ち込まないという態度）のもとでなされるような、『省察』における「観念」に関する通常の議論とは、いささか異なったものになる。つまり本章においては一見、本書第Ⅰ部第三章で指摘したデカルトの「分析」理論が有している「私の把握に関する順序」に従う、という態度を一旦括弧に入れた上で論証を進めていくことになるかもしれない。しかし最終的には、デカルトの論証そのものにおいて、すでに形而上学的な議論の中にあらかじめ自然学の論理が組み込まれているということが示唆されるだろう。

本章では以下次のように議論を展開していく。第一節ではまず、本書第Ⅰ部第一章と第二章で確認したデカルトの自然学の文脈における「観念」という用語と、『省察』本文以外で言及されている「観念」という用語がいかなる意味内容を有しているかをもう一度整理する。そしてこの二つの文脈における「観念」なるものの差異を確認した上で、本章で取り組むべき問題（つまり自然学に関わる考察は彼の意図とは逆に、『省察』の形而上学的論証構造そのものに影響を与えてはいないだろうかという問題）を提示する。次いで第二節では、第三省察において神の存在証明が遂行される前の段階でのデカルトの叙述において、「観念」なるものがどのようなものとして捉えられているかを確認していく。この段階での考察においても上記の問題に対する著者の解答の一端が示されるであろう。最後に第三節では、前節までで確認してきた「観念」用法を踏まえつつ、「神の存在証明」という文脈において（第三省察では周知の通り、二つの神の存在証明がなされるが、本章では特に第一番目のものについて考察する）、「観念」という用語とそれを含む「観念」理論が有している論理構造を明らかにすることを試みる。

第一節　自然学における「観念」と形而上学における「観念」

本節では次節以降の議論の土台として、本書第Ⅰ部第一章と第二章で確認した、デカルトの自然学の文脈における「観念」の用法と形而上学（第一哲学）における「観念」の用法を整理していこう。

本書第Ⅰ部第一章で見たように、デカルトの自然学における「観念」はひとことで言うと「感覚・感覚像（sentiment）」という意味で用いられている。たとえば『世界論』第一章では、「われわれが光について持っている感覚像、すなわち眼を介してわれわれの想像〔想像力〕において形成される光についての観念と、この感覚像をわれわれの内に作り出す対象自体の内にあるところのもの、すなわち焔や太陽の内にあって光という名で呼ばれているものとの間には、差異がありうる」（AT, XI, 3）という叙述が見受けられた。ここでの「感覚・感覚像」すなわち「観念」は、われわれの外に存在する「対象」が原因となって生じ、われわれの「精神」が抱くことになるところのものである。[3] この『世界論』の同じ章では他にも音の観念や触覚に関わる観念についても言及されている。たとえば音の観念の場合は、「耳へと振動してくる空気の粒子の運動」が原因となって、その結果として「私」の「精神」の内に観念が生じることになる（AT, XI, 5）。また先の引用箇所で注意しなければならないのは、この観念を生み出す「対象」とこれがわれわれの「精神」の内に引き起こす観念との間には差異があるという点である。この点については『世界論』第一章の末尾でも繰り返し述べられているし、「対象とその観念とはまったく似ていない」ということはのちに『省察』の第三省察でも強調されることになる（この点については次節で言及する）。

また本書第Ⅰ部第一章第五節で確認したように、『方法序説および三試論』中の「屈折光学」においても、自然学における「観念」用法の一例を見て取ることができる。たとえば「屈折光学」第一講において、「したがってわれわれに色や光が見えるためには、何らかの物質的なものがそれらの対象からわれわれの眼まで移ってくると想定する必要はないし、同じくこれらの対象の中にはそれについてわれわれが持っている観念や感覚と類似するものが存在すると想定する必要もない、と判断してもよいであろう」(AT. VI, 85) という叙述があった。この箇所でも先に見た『世界論』の記述と同様に「観念」という言葉は「感覚」という言葉に言い換えられているし、「それ(対象)についてわれわれが持っている観念」とあるように、「対象」と「観念」は別個のものとして捉えられている。しかもここでも「対象とその観念とはまったく似ていない」という点が強調されていた。

以上二つの例を参照して分かるように、自然学における「観念」はわれわれの知覚や認識の枠組みを説明するものとしての「対象」・「観念」・「思惟(精神)」という三つ組みの一項として機能しているものである。この三つの内どの一つが欠けても「観念」という言葉は意味を成さない。そしてこれらの三項が三つ組みになっており、かつそれぞれが別個に存在すること(もちろん周知の通り厳密に言えば観念は精神(思惟)の一様態である)が前提されているからこそ、デカルトは「対象」と「観念」とがまったく似ていないと主張できるのである。

さて自然学における「観念」用法の要点は以上で見て取ることができた。それではそのような「観念」用法は形而上学すなわち『省察』という書物においてはどのような構造を有しているのか。そして形而上学における「観念」用法と自然学におけるそれとがどのように関係しているのか。ここではとりあえず次節に議論をつなげるためにも、本書第Ⅰ部第二章で確認した『省察』本文以外の箇所での「観念」用法を整理しておこう。最初に指摘すべき箇所は『省察』本文に入る前の「読者への序言」の箇所である。ここでは『方法序説』に対して加えられた非難に関して答えている箇所があり、その中の一つにおいてデカルトは「観念」

という語の両義性を指摘していた（AT, VII, 8）。ここでは「観念」なるものが二つの側面から解されうるものであると語られている。その一方は「質料的（materialiter）」に見られた場合であり、このときの観念は「知性の作用（operatio intellectus）」と解されることになる。つまり「質料的」という意味での観念は、精神・知性の作用あるいは出来事であり、心の中で生じる何かであり、思惟の様態・在り方として捉えられるものである。もう一方で観念は「表現的に（objective）」見られると、前記の「知性の作用」によって「表現されたもの（res repraesentata）」と解されることになる。つまり「表現的」という意味での観念とは、精神・知性がそれへと直接向けられる何か、すなわち精神・知性の対象である。そしてこの観念が有する表現的な側面ということに関して重要になるのが、「観念の表現的実在性」である（この詳細については本章第三節であらためて論及する）。特に本書第Ｉ部第二章第二節で『省察』第一反論と答弁を検討した際に明らかになったように、デカルトはこの観念の表現的実在性が彼の形而上学的な論証を遂行するにあたって必須のものであることを強調していた。第一反論者であるカテルスは、この観念の表現的実在性に関して、「表現的実在性は純粋な命名であって、現実には何ものでもない」（AT, VII, 92）と述べていた。それに対してデカルトは、「太陽」についての観念を例に出しつつ、「太陽の観念は、知性の内に存在する太陽そのものだが、［中略］表現的に（objective）、つまりは対象が慣わしとして知性の内にあるその仕方で、存在する」（AT, VII, 102-3）と述べていた。そして「［この太陽の観念が］まさに在ることの様態（essendi modus）は事物が知性の外に存在する様態よりも格段に不完全だが、しかしそれだからといって、すでに以前記したように、まったくの無であるというわけではない」（同上）と主張していた。この観念の表現的実在性がデカルトの形而上学において果たす役割については、本章第三節で論じたい。

そして観念が有するもう一つの側面、つまり「質料的」な側面に関しては、本書第Ｉ部第二章の第三節と

第四節で確認したホッブズとの第三反論と答弁、およびガッサンディとの第五反論と答弁を検討することで、デカルトが捉えている観念の存在様式がどのようなものであるのかが明らかになった。つまりデカルトは観念を「知性の作用」として、つまり思惟の様態として捉えているが、ホッブズやガッサンディは観念を物質的なものとして捉えているということである。言い換えればデカルトは観念を実体としての精神に属するものとして捉えており、ホッブズやガッサンディは逆に観念を実体としての物体に属するものとして捉えているということである。このような観念の存在様式についてのデカルトの捉え方は、『省察』第二答弁に付された「神の存在と、魂が身体から区別されることとを証明する、幾何学的な様式で配列された、諸根拠」を参照することでさらに明らかになるだろう。この「諸根拠」では『省察』において使用されている重要な概念に関する定義が最初に述べられているが、その中に「観念」の項目がある。そこでは次のように述べられている。

Ⅱ．観念という名称によって私は、任意の思惟の形相―その直接の把握を介して当の思惟そのものを私が意識する、その形相―を理解している（*Ideae* nomine intelligo cujuslibet cogitationis formam illam, per cujus immediatam perceptionem ipsius ejusdem cogitationis conscious sum）。［中略］さてしかし、ただ想像（phantasia）において描かれた像（imago）のみを観念とは私は呼ばないのである。それどころか、ここではそのようなものを決していかなる仕方でも、それが身体的・物体的な（corporeus）想像においてある限りにおいて、すなわち脳のある部分において描かれている限りにおいては、観念とは決して呼ばないのであって、それがただ脳のその部分へと向けられた精神そのものを形作る（informare）限りにおいてのみ、観念と呼ぶに過ぎないのである。（AT, VII, 160-1）

この記述から明らかなように、『省察』の段階ではデカルトは物質的な「観念」なるものをまったく認めていない。本書第Ⅰ部第一章第一節および第三節で確認したように、デカルトも『省察』以前のいくつかの著作においては観念を物質的なものとして捉えていた。そして本書第Ⅰ部第一章第四節において指摘したように『方法序説』の段階では、特に第Ⅳ部と第Ⅴ部を参照してみると、「観念」というものが精神に属するものとして捉えられているのと同時に物体に属するものとしても捉えられていた。しかし少なくとも『省察』においてはこのような曖昧さはなく、「観念」なるものは実体としての精神に属するものであることが明言され、物体的なものとしての「観念」という捉え方は完全に払拭されている。

以上のように整理してみることで、自然学の文脈における「観念」なるものと形而上学（第一哲学）の文脈における「観念」なるものとの違いははっきりしてくるだろう。その違いを踏まえた上で、本章の次節以降で特に問題としたいのは次のことである。周知の通り「観念」という用語は、『省察』本文に限っていうなら第三省察になって初めて導入される[4]。そしてそこでの観念は周知の通り、方法的懐疑を遂行した結果精神内の存在として措定され、外的事物との関係をまったく絶たれている。これに対して『省察』以前の『世界論』や『方法序説および三試論』中の「屈折光学」などでは、「観念」が概して「精神」内の存在であることに変わりはないが、われわれの知覚や認識を説明する枠組みの一項として捉えられており、外的事物との関係で語られている。換言すれば「観念」という用語は、一方で『省察』特に第三省察においてはデカルトの形而上学の論証構造に大きく関わっており、他方で『世界論』や「屈折光学」などにおいてはデカルトの自然学の枠組みに大きく関係している。つまりデカルトの「観念」用法は、形而上学の場面においてと自然学の場面においてとでは、一見異なっているように見受けられる。しかし同じ「観念」という用語を使用している以上、それらの用法は密接に結びついているだろう。特に私見によれば、自然学における「観念」

用法は形而上学におけるそれに重大な影響を及ぼしていると考えられる。本章で以下問題としたいのはこのことである。

第二節　太陽に関する二つの「観念」

本節と次節ではデカルトの形而上学的書物である『省察』における「観念」用法について、自然学におけるそれとの関連性を含めて考察を進めていく。特にデカルトの第三省察での「観念」が見かけとは異なり、論理上外的事物とは充分に切り離されていないことを論じる。そこでまず本節では、デカルトが第三省察で外的事物と観念とがまったく類似していないことを強調する箇所（太陽に関する二つの別個の観念）を手掛かりに議論を進めていく。しかしその前にその箇所に辿り着くまでの第三省察の「観念」をめぐる議論[5]を確認しておく（「観念」という用語が直接現れない第一・第二省察については紙幅の関係上本章では論及しない）。

第三省察は周知の通り、あらゆるものを疑って排除したあとで「私はある、私は存在する（*Ego sum, ego existo*）」という真理を手に入れ、そしてその存在する「私」が「考えるもの（res cogitans）」であるということが確実になったところから議論が始まる。以下では特に「観念」という用語が現れる箇所に絞って考察を進めていく。まずデカルトは第一・第二省察での懐疑の過程を振り返りつつ、感覚によって得られると（懐疑以前は）考えられていた多くの事柄について言及し、それらをまず「ものの観念（rerum ideae）」と言い直している（AT, VII, 35）[6]。そしてこれらの観念が「私の内にあること（in me esse）」をデカルトは否定しない。ここで注目しておかねばならないのは、「観念」なるものが「私の内にある」と明言されている点である。そしてその観念はあくまで何らかのある「もの」の観念である。さらにすぐあとで「私の外にあるもの」と観念との関係が疑いに付されていることからも[7]、観念の「私の内にある」という性格は度を増すことになる。

さてデカルトは数学的真理までも疑っているこの状況を何とか打開したいと考えているのだが、周知の通りその突破口となるのが神の存在証明である。しかしデカルトはすぐさま神の存在証明に向かうわけではない。まず「私の思惟（meae cogitationes）」のすべてが「一定の類（certa genera）」に分類される。大きく分けて二つに分類されるが、その一つ目については「私の思惟の内のあるものは、あたかもものの像のようなものであって、ただそれらに対してのみ本来は観念という名称が適合する」（AT, VII, 37）と述べられている。[8] ここでは「私」の思惟の内の「ものの像（rerum imagines）」が取り上げられており、さらにはそれに対して「観念」という名称がとりあえず与えられることになる。[9] 本書第Ⅰ部第二章の第三節や第四節でみたように、『省察』の第三反論と答弁や第五反論と答弁なども考慮に入れると、これが狭い意味での「観念」と呼ばれるものになろう（デカルトが挙げる例では「人間」「キマイラ」「天空」「天使」「神」といったもの）。

続いてデカルトは観念には三種類のもの（「本有的な観念（idea innata）」、「外来的な観念（idea adventitia）」、「私自身によって作られた観念（idea a me ipso facta）」）がありうることを指摘している。ただ、これら三つの区分はあくまで可能的なものである。というのも、「まだそれら観念の真の起源を明晰に私は洞察したわけではないから」（AT, VII, 38）である。しかしデカルトはそのように言いつつも、考察の焦点を「外来的な観念」に合わせる。なぜなら「本有的な観念」と「私自身によって作られた観念」については、その起源を「私」に求めることが容易であるからであり、考察せねばならぬものとして残るのは「外来的な観念」のみになるからである。そしてこの「外来的な観念」について省察する過程でまたもやあの「私の内にある観念が私の外に置かれてあるものに類似している」という意見を徹底的に斥ける議論を行う。ここでデカルトは、なぜ以前はそのような意見を信じていたのかという理由を二つ挙げ、その理由が薄弱であることを指摘する。[10]

さらにデカルトは、仮に「私」とは別個のものから観念が出来するとしても、そのことからはそれらの観念がそうしたものに類似していなくてはならないということは帰結しない、と主張する。この議論においてデカルトは次のような興味深い例を挙げている。それは太陽についての二つの異なる観念である。[11] その一方については「あたかも感覚から汲まれたものであって、それは特に私が外来的なものと見なしたものの内に列挙されるべきものであるが、それによると極めて小さな太陽が私に現れ出ることになる」（AT, VII, 39）と述べられている。そしてもう一方については「天文学上の諸理由〔根拠〕によって引き出されたもの、すなわち何か私に生得的な諸概念によって取り出されたもの、あるいは何か他の方法によって私によって作り出されたものであり、それによると太陽は地球よりも何倍も大きいことが表示される」（同上）と述べられている。そしてデカルトは「これら二つの観念の内のどちらもが、私の外に実際に存在している同じ一つの太陽に似ているということはありえない」（同上）、と述べる。[12] そしてそこからすぐさま、「太陽そのものから最も直接に出てきたと思われる観念が最も太陽に似ていない」（同上）と結論付けるのである。しかしこのように結論付けるのは果たして妥当であろうか。

そもそもこの箇所は第一・第二省察での方法的懐疑を経ているので、「私の外」に存在するものに関しては一律懐疑に付されている。よってこの議論も「仮に」のものであるのだが、「似ていない」と結論付けるのはどういう根拠からであろうか。「太陽」という同一の対象について別個の複数の観念がありうるということだけでは根拠に乏しい。ここでは「仮に」とはいえ「私」とは別個のものから観念が出来するという前提で議論が進められている。その段階でそれらの類似／非類似を論じることが可能なのは、対象と観念とが別個の存在者として認められていて（これはこの箇所の議論の前提に含まれる）、それに加えて、それぞれについてそれらが何ものであるのか（この議論の場合、真に存在する「太陽」とそれについての二つの別個の観念）が知られているときである。というのもそれらが真に何ものであるのかが知られていなければ、特に観念がそれについてのところのものである「当のもの（res ista）」（＝「対象」）が知られていなければ、それについての観念が複数あるということは言えても、「当のもの」が何であるか分からない以上、それらの類似／非類似については確言できない。つまり本書第Ⅰ部第一章で見たような『世界論』や「屈折光学」などの自然学における「観念」を含む知覚・認識の枠組みが確保されていてこそ、ここでデカルトが結論付けようとしている観念と「当のもの」との類似／非類似の議論は可能となるのである。

しかしながら太陽についての二つの観念をめぐるこの議論は、そもそも外的事物の存在自体が懐疑に付されている最中での議論であり、本章で問題となっている自然学と形而上学との影響関係を論じるにあたっては付属的なものだろう。そこで次節では、『省察』中最も形而上学的な議論が展開されている箇所の一つである神の存在証明における「観念」用法を考察する。

第三節　神の存在証明における「観念」用法

前節では第三省察で神の存在証明がなされる前の叙述を主に検討してきた。本節ではデカルトの神の存在証明に現れる「観念」、およびその周辺に散りばめられている諸概念に注目しつつ考察を進めていくことになる。以下の考察で重要な点は、この神の存在証明の段階では観念の自然学的側面が、換言すれば「感覚像」としての観念という意味合いが、極力排除されているというものである。このことは『省察』という書物の性格上至極当然のことであろう。つまり第一・第二省察において感覚から得られる知識をはじめ自然学、天文学、医学、果ては数学までをもわれわれの知識から斥けてしまったデカルトにおいては、そういった要素を少しでも含むものは、論証に持ち込まれてはならない。持ち込んでしまっては論点先取の誤謬を犯してしまうことになろう。しかし本章第一節であらためて整理してみたように、少なくとも『世界論』や「屈折光学」などの『省察』以前の書物においては、「観念」という用語は認識の枠組みを説明するものとしての「対象」・「観念」・「思惟」という三つ組みの一項として捉えられていた。第三省察においてはこの三つ組みの内の「（外的）対象」については疑いに付されている。したがって第三省察の神の存在証明の論証においては、この三つ組みはいわば壊れた状態で、観念およびそれに付随する用語が使用されているとも言える。よってその様な状況で「観念」という言葉が使用されていることの成否も考慮に入れておかねばならない。以下では上記のような点に留意しつつ、神の存在証明の成否はひとまず脇に措いて考察を進めていくことにしたい[13]。

さて前節で確認したようにデカルトは「外来的な観念」については否定的であったが、「しかしながら今なお、その観念が私の内に在るものの内のあるものが、私の外に存在しているかどうか、を探求するためのある他の道が私に立ち現れてくる」（AT, VII, 40）と述べている。そしてその探求の道で重要になってくるのが、観念の「表現的実在性（realitas objectiva）」と「因果性の原理」である。

まず「表現的実在性[14]」であるが、デカルトによれば諸々の観念はそれがそれぞれ「思惟の様態」である点においてはなんら差がないとする。つまり観念それ自体の実在性（現実的あるいは形相的実在性（realitas actualis sive formalis））はそれが「思惟の様態」であることに存している。しかし「ある観念があるものを、他の観念が他のものを表現している（repraesentare）限りにおいては、それらが互いに大きく異なるものであることは明白である」（同上）とされる。そしてその「表現している」という点において各観念間に差をもたらすものが、観念が含む「表現的実在性」である[15]。それはある観念があるものを表現している限りでの、そのものの内実であるといえる。よってそれは基本的に表現されている「当のもの」が観念から離れて現実に有している実在性（形相的実在性）とは別個の実在性である。つまりこの段階ではこれら二つの実在性の間の関係はまだ明瞭ではないが、デカルトはそれらを明確に別個のものとして区別して認めているのである。[16]

他方「因果性の原理[17]」であるが、デカルトは簡潔に「いまや実に自然の光によって明白なことであるが、作出的でかつ全体的な原因の内には、その原因の結果の内にあるのと少なくとも同じだけの実在性がなければならない」（同上）と述べている。この原理はまさに第三省察冒頭で提示される「明証性の一般的規則」に拠っているが[18]、この原理は形相的実在性を有する結果について妥当するだけでなく、そこにおいて「表現的実在性」が考察される観念についても妥当するとデカルトは主張する。さらにそのことのみならずデカルトは次のように述べている。

このある観念が、他のある表現的実在性を含むよりは、むしろこのあるいはあの表現的実在性を含む、というまさにこのことを、観念は、その観念そのものが表現的に含んでいるのと少なくとも同じだけの実在性を形相的に含んでいるある原因から、得なければならない。（AT, VII, 41）

すなわちここにおいて、観念が含む「表現的実在性」と観念において表現されている「当のもの」の形相的実在性との間に明確なつながりができあがることになるのである。

しかしデカルトがこのように観念と観念において表現され思惟されている「当のもの」との間に因果関係を認めるということに関しては、彼の論証が充分に尽くされていないということもあり、議論の余地が残るところである。そもそもこの探求はそのような観念において表現されている「当のもの」が「私の外」にあるかどうかを調べるものであった。第二省察まででいわゆる「私の外」に存在するとされたものはその実在については懐疑に付され拒絶されている。そのような状況の中、観念が含む「表現的実在性」を認めることとそれに「因果性の原理」を適用することとの妥当性はどこに存するのだろうか。換言すればデカルトが観念の含む「表現的実在性」を認め、それに「因果性の原理」を適用しようとした背景には何が潜んでいるのだろうか。

上記のような疑問を解消するためにも、今しばらく神の存在を証明するに至るまでのデカルトの議論を追ってみよう。彼は先ほどの引用箇所に続いて、観念が含む「表現的実在性」と観念において表現されている「当のもの」の「形相的実在性」が結びつく理由として、たとえば観念の原因に無かった何ものかがその観念に見出されるとすれば、それは「無」に起因することになるが、そのようなことはありえないと言う。「ものが観念を通して知性の内に表現的に存在するそのあり方（iste essendi modus, quo res est objective in intellectu per ideam）は、どれほど不完全であろうとも、しかし決して無であるというわけではない」（同上）からである。ここで注意しておきたいのは「ものが観念を通して知性の内に」という表現である。ここでは明らかに「観念」という語句は、「もの（対象）」と「知性（思惟）」を何らかの形で媒介するものとして機能している。

さてデカルトは考察を先に進めるために、「表現的なあり方（modus essendi objectivus）が観念にはその本性上適合しているが、しかし同様に形相的なあり方（modus essendi formalis）は観念の原因に、少なくとも最も始原的な原因にその本性上適合している」（AT, VII, 41-2）ということを認める。ここで観念の原因・結果関係をさかのぼる過程において、単に観念間だけ（ある観念が別の観念の原因となっている場合もある）でなく、観念を超えた「私の外」に実在するものへと辿り着く可能性が見出されることになる。というのもこのように観念の原因・結果をさかのぼることにおいて「無限に進むこと（progressus in infinitum）」はありえず、最終的には観念の第一の原因に辿り着かざるを得ないからである。そしてその第一の原因とは、「観念において単に表現的にあるところのすべての実在性が形相的に含まれる原型（archetypum）」（AT, VII, 42）のようなものであるとデカルトは言う。

さらにデカルトは、「私が有する観念の内のあるものの表現的実在性が、あまりにも大きくて、それと同じ実在性が私の内に形相的にも優勝的にも存在しない、つまり私自身がその観念の原因ではありえない」（同上）という「もの」があれば、それこそ「私の外」に実在する「ある他のもの」であると結論付ける。デカルトはこの帰結に従い様々な観念を精査していくことになるが、彼の考察によれば、それらのほとんどについては「私」自身に由来すると思われないものは何も無いとされる。残るのはただ「神」の観念のみである（AT, VII, 45）[19]。そしてその「神」なるものは、どうしても「私」独りのみに由来することができない（つまり「私」が原因となりえない）ほどに偉大なものであると結論付け、これこそ「私」以外に存在するものとなる。

以上が第三省察における神の存在証明のあらましである。[20]これまで確認してきたことで分かるように、観念に関してその「表現的実在性」なるものを認めることと、その表現されている内容（観念が含む「表現的実在性」）に対して「因果性の原理」を適用することの二つが、神の存在証明の論証構造の要となっている。[21]まず観念が含む「表現的実在性」なるものを認めることに関してであるが、観念についてその形相的実在性のみしか認めないのであれば、観念は単に「私」＝「考えるもの」＝「精神」の一様態であるにとどまり、その場合には「私の外」などはとても考えられないのは明らかである。

また本書第Ⅰ部第二章第二節で検討したように、当時の伝統的なスコラ哲学の立場にある第一反論者のカテルスは「知性の内に表現的にあること」つまり「表現的実在性」を「純粋な命名」であって「現実には何ものでもない」と捉えていた。つまり論理的には「知性の内に表現的にあること」を「無である」と捉えることは可能である。しかしこのようなカテルスに応えてデカルトは、「表現的にある」ということをまったくの「無」ではなく、対象である事物に関わる何らかの実在性を有している、と主張していた。このように主張するためには、彼の「観念」理論がそのようなまったくの「無」ではない「表現的実在性」を必須のものとするような構造を有していなければならないだろう。そのような構造の原型となるのが、やはりデカルトの自然学の文脈における「観念」理論ではないだろうか。自然学における「観念」という用語は「(外的)対象」・「観念」・「精神」という三つ組み構造を有していた。そしてそこでの「観念」と「(外的)対象」とは、本書第Ⅰ部第一章第二節で確認したように記号的関係で捉えられていた。つまりあるものを表現する観念はある「(外的)対象」に記号的に対応しており、別のものを表現する観念は別の「(外的)対象」に記号的に対応している。このような点を考慮に入れると、形而上学の文脈で導入された観念の「表現的実在性」を支える論理構造として、自然学における「観念」理論をその背後に想定することは可能であろう。

さらに前節で見たように、第三省察において「観念」なるものが「私の内にある」と明言されている以上、「私の外」なるものが何らかの形で確保されていなければ「観念」という用語はその役割を充分に果たしえない(少なくとも本章第一節で見たように、自然学における「観念」という用語は「(外的)対象」・「観念」・「精神」という三つ組みにおいてこそ機能していた)。そのような状況において観念が含む「表現的実在性」なるものを認めることは、あくまで「精神」の内に存在する観念において表現されている限りではあるが、(「私」とは異なるかもしれない)ある「もの」の存在を認めることになる。つまり自然学における場合とは異なるが(論証の前提において外的事物の存在は認められていないから)、この段階においては「(外的)対象」・「観念」・「精神」という三つ組みにつながりうる、「(外的)対象」と「観念」とを橋渡しするものとして、観念が含む「表現的実在性」なるものが認められねばならなかったと考えられる。

ただしこのままではデカルトが望むような「私の外」への超出は不可能であり、そこでそれを可能にするために導入されたのが「因果性の原理」である。そしてその「因果性の原理」を適用するのを可能とするのが、観念が含む「表現的実在性」とその原因となる形相的実在性を別個のものとして認めることであった。自然学においては「(外的) 対象」と「観念」との因果関係は、それらが似ていないということを強調するためもあって機会因的な対応関係といったものであったが（本章注(3)を参照）、「(外的) 対象」と「観念」とを別個なものとして認め、その間にある種の因果関係を認めていたのは明らかである。自然学においてのものとは要素が多少異なるにせよ（観念が含む「表現的実在性」とその原因となる事物の形相的実在性）、自然学において考察されたような因果関係の構造を神の存在証明における「観念」用法にも見て取ることができよう。(22)

結　語

以上本章では、デカルトが『省察』以前に行っていた自然学的な考察が彼の形而上学における論証構造に影響を与えていないかどうかを、「観念」というデカルトの形而上学においても自然学においても重要な用語を手掛かりに検討してきた。自然学における「観念」用法を重視して考察を進めてきたので、第三省察における「観念」用法に関する上記の議論は多少偏りがあることは否めないし、デカルトはその意図からしても形而上学における論証構造に自然学的な論理を明言していない。しかし上記の検討によって、デカルトの形而上学の構築にあたって自然学的な考察がその論証構造にも重要な影響を与えていることの一端は垣間見られたと考える。

このような影響関係がデカルトの哲学を評価する上でどのような意味を持つことになるのかは、本書第Ⅱ部の他の章での議論も踏まえたうえで、本書全体の結論部（「おわりに」）において著者の見解を述べたい。

[注]

(1) しかしながら『省察』以前の『世界論』などの自然学的書物を著すさらにその前に、デカルトは一時期「形而上学の小篇」の執筆に着手していたとされている。その際にのちの『省察』で見られるような「観念」用法がすでに成立していたのかどうかは、草稿が失われているので不明である。また一六三〇年にデカルトが提唱した、彼の自然学の基礎付けに重要な役割を果たしたといわれる形而上学的テーゼとして、いわゆる「永遠真理創造説」を挙げることができる。このテーゼに関しては、本書においては論旨も異なるし、また紙幅の関係上論及しない(ただしこの「永遠真理創造説」がデカルトの自然哲学に密接に関わっていると主張する解釈者もいる。本章の注(2)で挙げる小林道夫の著作を参照されたい)。これら「形而上学の小篇」や「永遠真理創造説」については、メルセンヌ宛、一六三〇年四月一五日(AT, I, 135-47)、一一月二五日(AT, I, 177-82)などの書簡を参照されたい。

(2) デカルト哲学解釈史において、特に二〇世紀後半以降には、それまで後世の自然科学の歩みからすれば誤っているとしてあまり省みられていなかったデカルトの自然学に関する研究が盛んに行われた。しかしあくまでデカルトの意図に従い、「形而上学から自然学へ」という流れに則って解釈されたものが多い。参考までにデカルトの自然学に焦点を合わせて論じられている比較的最近出版された書物・論文集をいくつか挙げておく。

S. Gaukroger, J. Schuster and J. Sutton (eds.), *Descartes' Natural Philosophy* (London & New York: Routledge, 2000). タイトル通りデカルトの自然哲学についての最新の論文を多数集めた論文集。デカルトは彼の時代において機械論的哲学のパイオニアであり数学や個別科学の先導者であったが、それらの業績について詳しく論じられた論文が収められている。近年のデカルトの自然哲学についての研究動向を見て取るには格好の書物である。

D. Garber, *Descartes Embodied* (Cambridge: Cambridge University Press, 2001). この本の中心となる話題は、デカルトの物質と運動についての説明方式であり、特に『哲学原理』第Ⅱ部の記述について論じられる。ガーバーの主張は以下のようなものである。デカルトも同時代人たちと同じように、形而上学と自然学とを区別した。しかしながらデカルトにとって、形而上学と自然学の両者は、(適切に理解されれば)哲学の部分であり、形而上学と自然学の両者は、(適切になされると)知識(scientia)という意味での科学(science)なのである。確かにデカルトは、探求の様々な領域に区別を設けていたが、それらはすべて部分であり、それらは一緒になってより大きな企ての不可欠の部分となる。デカルトのプロジェクトは、形而上学や認識論、自然学といったものだけでなく、あらゆる知識に対処するための体系的な試みである。『省察』のような著作の形而上学的関心から機械論的自然学の基礎へと至るデカルトの道行きを辿ることにおいて、形而上学と自然学の両者をそれらの適切な文脈に置き、そしてそのようにすることにおいて、両者を個々の議論や学説についてのより特殊な研究がなしえないやり方で照らし出す。これがガーバーのこの本における試みの主要なものとなる。必要とされるもの、およびガーバーが提出したいと望むものは、物体の世界へのデカルトの形而上学的アプローチの様々な面をまとめ、それらを体系的で整合的な仕方で提示するような書物である。

S. Gaukroger, *Descartes' System of Natural Philosophy*（Cambridge: Cambridge University Press, 2002）. この本におけるゴークロージャーの主張は次のようなものである。デカルトの哲学的企図の中心は、自然哲学である。一般的なデカルト哲学へのアプローチの仕方としては、デカルトの哲学を専ら基礎付け主義的形而上学（foundationalist metaphysics）と捉えることが多い。しかもこれは問題あるものとして評されることが多い。したがって、彼の形而上学から帰結する他の学問も問題あるものと評される。しかし、以上のような評価は誤解に基づくものである。ゴークロージャーの主張は、デカルトの自然哲学の体系は、諸々の第一原理からの推論によって生まれたのではなく、これら第一原理とはまったく独立に定立された、というものである。この本では、『哲学原理』について詳細に論じられる。構想だけあった第Ⅴ部「生物、あるいは動物と植物」や第Ⅵ部「人間」についても、デカルトの他のテキストを手掛かりにできる限りの再構成をゴークロージャーは試みている。また彼の指摘によれば、『哲学原理』は後期スコラ主義のテキスト構成の伝統に則って書かれたものであり、そうであれば違いはどこにあるのか？　後期スコラ主義の形而上学とそれに基づいた自然哲学は、神学的に（theologically）駆り立てられたものであり、これに対してデカルトの基礎付け主義的形而上学は、認識論（epistemology）によって駆り立てられている。デカルトの計画は、彼の自然哲学が他の多くのものの一つであるのではなく、唯一のものであることを示そうとした、ということである。この唯一の自然哲学は、決して誤ることなく疑われることのありえないという特徴を有する、一組の形而上学的考察と調和する。自然哲学におけるデカルトの計画にとって、形而上学的な基礎を要求する内在的なものは何もないし、彼の自然哲学にとって、そのような形而上学的基礎からのみ生じるような決定的な何かも存在しない。だからといって、デカルトの基礎付け主義的形而上学が、単に彼の自然哲学に取り外し可能なものとして外付けされた、というわけではない。

M. Kobayashi, *La Philosophie Naturelle de Descartes*（Paris: Vrin, 1993）［日本語版：小林道夫『デカルトの自然哲学』（岩波書店、一九九六年）］.

（3）ここで用いた「原因・結果」という表現については、本書第Ⅰ部第一章第二節で言及した、デカルトが光の「観念」とそれを生み出す「対象」との関係を「ことば（parole）」の場合になぞらえて説明している箇所を思い起こしていただきたい。デカルトは次のように述べていた。

自然もまたある記号（signe）を設けていて、この記号それ自体はわれわれが光について持っているこの感覚と似たものを何一つ持っていなくても、光の感覚をわれわれに持たせるということはどうしてありえないだろうか？（AT, XI, 4）

つまりここではデカルトは「観念」と「対象」とを記号的関係で捉えており、「原因・結果」という強い直接的な結びつきというよりはむしろ対応関係として両者の関係を捉えている。

（4）第一省察や第二省察においては、この「観念（idea）」という用語はまったく現れない。

（5）ただし「観念」について論究していく前に、次の一点をもう一度確認しておかねばならない。それはいわゆる「明証性の一般的規則」なるものが第三省察の冒頭で提示されている（AT, VII, 35）という点である。本書第Ⅰ部第四章と第Ⅱ部第一章で論じたように、デカルトはこの「明証性の一般的規則」を用いて第三省察での神の存在証明を遂行していく。そしてこの規則に関わる「デカルトの循環」という問題については、本書第Ⅱ部第一章で検討した。したがって本章ではこの「デカルトの循環」については論究せずに、神の存在証明の文脈に現れる「観念」なるものに絞って考察を深めていく。

（6）ちなみにこの箇所が『省察』本文において「観念」という言葉が初めて記される場所である。

（7）たとえばデカルトは次のように記している。

つまり何ものかが私の外にあって（extra me esse）、それらのものからその観念が現れ出るのであって、しかもその観念はそれらのものにまったく似ている（similis）。しかしながらこの点［上記のような判断］においてこそ、私は誤っていたのである。（AT, VII, 35）

（8）もう一つの「私の思惟」について、デカルトは次のように言う。

たとえば、私が思惟するとき、恐れるとき、肯定するとき、否定するときには、もちろんいつも私は何らかの事物を私の思惟の対象・主題として捉えている（quidem aliquam rem ut subjectum meae cogitationis apprehendo）が、しかしさらには当の事物の似姿以上の何ものかを思惟しているのである。こういうものの内、あるものは意志あるいは感情と呼ばれ、他のものは判断と呼ばれる。(AT, VII, 37)

つまり具体的には「意志(voluntas)」「感情(affectus)」「判断(judicium)」と呼ばれているものであって、それらは「ものの像」と呼べるものではない。

(9) この箇所に関しては、『省察』第三反論と答弁のホッブズとデカルトの間でのやり取りを参照されたい(本書第Ⅰ部第二章第三節)。

(10) この箇所(「観念」が外的事物に似ているとこれまで考えていた理由を考察する箇所)でデカルトは第一の理由として、「自然によってそう教えられた(ita doctus a natura)」からという理由を挙げる。これに関してデカルトは、「それはただ、私はある自発的な傾向によって(spontaneo quodam impetu)これを信ずるようになった」というだけであり、「これが真であることが何か自然の光によって(lumine naturali)私に明示された」(AT, VII, 38-9)わけではないとして、この理由を薄弱なものとして退ける。そして第二の理由として挙げられるのは、「それら(外的事物)の観念は、私の意志に依存せず、したがってまた私自身に依存しない」というものである。これに対しては、「私の内にはまた何か別の能力があって、まだ私には充分に知られていないが、それらの観念を生み出すことは可能である」(AT, VII, 39)と述べ、この理由も退けることになる。

(11) この太陽についての二つの異なる「観念」に関するデカルトの論述は、本書第Ⅱ部第三章第三節においても、「理由や正当化の論理空間」という視点からより詳細に論じる。

(12)「心(精神)」と「身体(物体)」とがまったく別個の実体であることが証明される第六省察を経たあとであれば、無論このような「観念」とその「対象」との類似/非類似を十全な形で議論することは可能である。つまりここ(第三省察)では「天文学上の諸理由によって引き出された」太陽の「観念」こそが、第六省察を経たあとでは真なる太陽の「観念」であると判断され、「感覚から汲まれた」太陽の「観念」の方は「私の外」に実際に存在する太陽とは似ていないと判断されることになろう。

(13) 本書第Ⅱ部第一章で「デカルトの循環」について考察した限りでは、デカルトの「分析」という方法を遵守する限り、つまり「確実かつ不可疑」という厳格な基準に従う限り、明証性の一般的規則はうまく機能せず、したがって神の存在証明も十全な形では遂行できない、ということであった。

(14)「表現的実在性」に関しては、『省察』第二答弁に付された「諸根拠」においてその定義が記されている。

観念の表現的実在性（*realitas objectiva ideae*）ということでもって私は、観念によって表現された（repraesentatus per ideam）ところのものの存在性を、それが観念の内にあるという限りにおいて（quatenus est in idea）、理解する。そして同じような仕方で、表現的な完全性、あるいは表現的な技巧性、などということが言われうる。というのも、われわれがまるで観念の対象のうちに（in idearum objectis）あるかのように把握するものは何であろうと、観念そのものの内に表現的に（in ipsis ideis objective）あるからである。（AT, VII, 161）

(15) デカルトによって導入される「観念」のこの「表現的実在性」は、概念史的にはデカルト以前のスコラ哲学（ドゥンス・スコトゥスの「表現的存在（esse objectivum）」やスアレスの「表現的概念（conceptus objectius）」）に由来するものであるとされる。本書では中世哲学におけるこれらの諸概念（『省察』第一反論と答弁、本書第I部第二章第二節を参照）については、紙幅の関係上論及しない。これらの諸概念に関しては次の文献において詳細に論じられている。C. Normore, 'Meaning and Objective Being: Descartes and His Sources', in A. O. Rorty (ed.), *Essays on Descartes' Meditations* (Berkeley: University of California Press, 1986), pp. 223-41. 小林道夫『デカルト哲学の体系』（勁草書房、一九九五年）第I部。村上勝三『観念と存在　デカルト研究1』（知泉書館、二〇〇四年）第I部第一章。

(16) この点については、本書第I部第二章第二節で確認した、『省察』第一答弁と反論を参照されたい。

(17) この「因果性の原理」については、『省察』第二答弁に付された「諸根拠」中の「公理すなわち共通概念」に、次のような記述がある。

I. そのものが何ゆえに存在しているか、というその理由を、それについて問うことができないようないかなるものも存在しない。（AT, VII, 164）

III. いかなるものも、また現実に存在しているそのものの完全性も、それが現実存在している原因として、無（*nihil*）を、言い換えるならば現実存在しないもの（res non existens）を有することはできない。（AT, VII, 165）

IV. 何らかのものの内にある実在性の、あるいは完全性のどんなものも、そのものの第一にして十全な原因の内に、形

相的にか、あるいは優勝的にか（formaliter vel eminenter）ある。（同上）

（18）この神の存在証明に関わる一連の論証において「因果性の原理」が有する論理的身分については、いわゆる「デカルトの循環」との関連も含めて考察せねばならない。この点については本書第Ⅱ部第一章の特に第三節において論じたのでそれを参照されたい。

（19）この様々な「観念」を精査する過程において、いわゆる「観念の質料的虚偽（falsitas materialis）」に関する言及が現れるが、この概念装置については本章では紙幅の関係上論及しない。この「質料的虚偽」については本書第Ⅰ部第二章の注（14）を参照されたい。

（20）周知の通り第三省察にはもう一つ「神」の存在証明が展開されているが、紙幅の関係上本章ではこれについては論及しない。簡潔に議論のあらましだけを述べておく。第三省察の二番目の神の存在証明は次の疑問によって始まる。それはつまり、「[私よりも一層完全なもの、つまり神の]観念を有する私は、そのようなもの［神］が何ら存在していないとしても、あることができるのだろうか」（AT, VII, 48）という疑問である。そこでデカルトは「私がある」ということの原因を探求することになるのだが、その議論の中で重要になる次のような公理がある。

どのようなものであっても、それが持続するところの一瞬一瞬において持続されるためには（ad rem quamlibet singulis momentis quibus durat conservandam）、このものがまだ存在していないとした場合に、これを新たに創造するために（ad eandem de novo creandam）必要とされるのとまったく同じ力と活動が必要である。（AT, VII, 49）

一方では上記のような公理があり、他方では、「[私の]生涯の全時間は無数の部分へと分割でき（omne tempus vitae in partes innumeras divide potest）、そしてその各部分は残りの部分にはいかなる仕方によっても依存していない（singulae a reliquis nullo modo dependent）」（AT, VII, 48-9）、とされる。したがって私の存在を連続的に創造し、維持してくれる能力のある存在者がいなければならない。それがつまり神である。

（21）この論証構造における「明証性の一般的規則」の適用の妥当性といったいわゆる「デカルトの循環」についての諸問題は本書第Ⅱ部第一章を参照されたい。

（22）自然学における「（外的）対象」と「観念」との因果関係においては、それらがまったく似ていないということが強調されているが、神の存在証明においては、むしろ「観念」が含む「表現的実在性」とその原因との類似性に着目することが論証の要になっているようである。ゲルーは神の存在証明における「因果性の原理」と「観念と観念されたものとの類似の原理（le principe de la resemblance de l'idée avec son idéat）」の相互補完的な協同を指摘している（cf. M. Gueroult, *Descartes selon l'ordre des raisons*（2 vols., Paris: Aubier, 1953）, vol. 1, chapitre V）。

第三章　方法的懐疑の論理空間

序

本書最後となる本章では、第Ⅰ部第三章と第四章で触れたデカルトの方法的懐疑[1]について論じる。第Ⅰ部で方法的懐疑について言及した際には、デカルトの「分析」理論の典型的なものとしてそれを捉え、その独自性を強調した。その独自性とは第一に、知識は認識論的により前なるものから（a priori）構成されなければならないという、「私の把握に関する順序（ordo ad meam perceptionem）」に従うということ。そして第二にその「私の把握に関する順序」において第一の真理となるものを発見するためには、「確実かつ不可疑」という基準を用いて「私」の有している意見・知識を分析していく、ということである。これらのことは第Ⅰ部第三章において明らかになり、続く第Ⅰ部第四章では、この「分析」の基準の独特の性格をより明確にするために、デカルト哲学においてはしばしば「確実かつ不可疑」ということと同一視される「明晰かつ判明」という用語を取り上げ、この両者の概念を比較検討した。そこでの結論は、少なくともデカルトの第一哲学が十全な形で叙述されている『省察』においてはこれら二つの用語は同一視することはできない、ということであった。そして周知の通り、このような性質を有する方法的懐疑という「分析」によって最終的に第二省察で求められたものは、「私によって述べられ、または精神によって捉えられるたびごとに必然的に真である」とされる「私はある、私は存在する（*Ego sum, ego existo*）」（AT, VII, 25）という命題である[2]。これを第一の真理としてデカルトは他の知識を構築していくことになる。[3]

この考える私、すなわちコギトを第一の真理として構築されるデカルトの哲学は、周知の通り一方では近世の主観性の哲学の嚆矢となったものであり、後世の哲学者たちによって様々な形で豊かに展開されていった。また他方でコギトによって基礎付けられる彼の自然学は、その理論の具体的内容の成否はともかく、自然世界を数理的にのみ探求していくというその理念的側面では現代の自然科学にもしっかりと受け継がれている。そして先に言及したように、デカルト哲学の要となるコギトを見出すために必須の作業となるのが方法的懐疑である。

しかしながら、このコギトを要とする主観性の哲学、あるいはこのコギトを発見するための方法的懐疑という手法には、その豊かさの反面、第Ⅱ部第一章で論じた「デカルトの循環」という問題のように論理的な矛盾を引き起こしてしまう要素も含まれているようである。またこの方法的懐疑という手法には、知識を十全に構築していくという観点から見て見落とされてしまう重大な要素もあるように思われる。様々な点が問題として論じられるべきであり、実際哲学史上様々な側面から論じられてきたが、本章で扱うのはその諸問題の中の一つである、知識が十全に構築されるその仕方についての考察である。つまりデカルトが構築しようとする知識の体系・学問がコギトによって基礎付けられている以上、そのコギトを見出すための方法的懐疑という手法が有している構造をその問題点も含めて充分に明らかにすることは重要である。特に本章で論じたいのは、デカルトがコギトというこの最初の土台を求めるために実行した第一・第二省察における方法的懐疑のステップの妥当性である。本章第二節以降で見ていくように、デカルトはこの方法的懐疑の過程において様々な知識・意見[4]をいとも簡単に捨て去ってしまう。しかしながらそのように拒絶されることになるこれらの知識・意見こそが方法的懐疑の過程そのものにおいてある重要な役割を果たしている、という点を明確にしたい。逆に言えば方法的懐疑のステップは、知識の構築の仕方という側面である種の不備を有しているると考えられるのである。

そして本章ではデカルトのこの方法的懐疑の全体的な構造を明らかにするために、現代の認識論・知識論におけるある議論を利用しつつ論じたい。現代哲学、特に英米系の分析哲学においてデカルトの方法的懐疑を批判的に論じたものとしては、ウィトゲンシュタインの言語ゲームの立場からのものや、クワインの自然化された認識論の立場からのものを挙げることができよう(5)。本章では方法的懐疑を考察する手掛かりとして、現代哲学において重要な文献でありながらこれまであまり直接的に言及されてこなかった、ウィルフリッド・セラーズ（Wilfrid Sellars: 一九一二―八九年）の「経験主義と心の哲学」（一九五六年）を取り上げる。この論文でセラーズは二〇世紀前半に盛んに論じられた「与件・所与」という概念を詳細に考察している。この考察で明確に現れてくるのは、知識に関する「理由や正当化の論理空間」というセラーズの見解である。つまり個別的な知識が知識として通用するためには、知識全体はある論理構造を有していなければならない、というものであり、その論理構造についての洞察がこの論文で明晰に示されている。主に感覚与件論について批判的に論じられているこのセラーズの論文と、感覚から得られる知識・意見を真っ先に偽として斥けるデカルトの方法的懐疑の議論がどう結びつくのかは、一見明確でないかもしれない。しかしながら私見によれば、知識についてのセラーズのこの考察は、デカルトの方法的懐疑の構造を分析するにあたって有効である。セラーズの考察がどのように活用されるのかは本章の議論によって徐々に明らかとなるだろう。よって本章の目的は、このセラーズの洞察を考慮することによって、デカルトの方法的懐疑が有している論理空間をその問題点も含めて明瞭に浮かび上がらせること、となる。

さて本章での議論の流れは基本的に次のようなものになる。まず第一節ではわが国ではこれまであまり詳しく紹介されてこなかったセラーズのこの論文の内容を確認し[6]、「与件」に関する彼の基本的な考えを抽出する。そして第二節では第三節での批判的吟味を念頭に置きつつ、『省察』におけるデカルトの方法的懐疑に関して予備的考察を行う。基本的には『省察』の叙述に沿いつつ方法的懐疑の過程を詳細に見ていくが、この過程に関する批判的な考察もいくつか盛り込まれている。最後に第三節においては、第一節で明確になる知識についての「理由や正当化の論理空間」というセラーズの見解を用いいつつ、デカルトの方法的懐疑が有している論理空間がどのようなものであるかを議論する。この議論によって方法的懐疑のステップが持つある種の不備が明確になるだろう。

第一節　セラーズの「経験主義と心の哲学」

セラーズの「経験主義と心の哲学[7]」は、「与件・所与（the given）」という考えに対する論駁を意図している。彼はこの論文で、理論を介さないという意味で直接的に認識者に与えられ、しかもその真理性が明白であるような知識の存在を認める考え一般を、「与件の神話（myth of the given）」と名付けた。与件・所与として「与えられている」ものは様々であるが、セラーズがこの論文で特に批判の対象とするのは「感覚与件論（sense-datum theory）」である（p. 128）。この理論は一般的には、感覚することにおいて与えられたもの（感覚与件）を非推論的・直接的知識とし、これらを土台として他の様々な推論的・非直接的知識を築き上げていこうとするものである。セラーズはこのような感覚与件が果たして経験的な知識の土台となりうるのかという問いを立て、様々な論拠を挙げてこの問いに否定的な回答を与える。さらにこの論文の後半部分では、感覚与件論が含意しうる私的言語や内的エピソードなどの特権性といった、心の哲学に関わる諸問題を論じている（本章においてはこの論文の前半部分で展開される知識に関する「理由や正当化の論理空間」というセラーズの見解を簡潔に参照することを旨とし、この論文の後半部分については論じない）。

感覚与件論者は「所与性（givenness）」を、「連合を学ぶことや形成することを前提せず、刺激—反応連関を設定することも前提しないこと、と見なす」（p. 131）。また彼らは、感覚与件は概念形成の過程を経ることもなく理論を介することもなしにわれわれに与えられる非推論的・直接的知識である、と主張する。セラーズはこのような感覚与件論者の主張に対して次のように論駁を重ねていく。

まずセラーズは、たとえばある時間にある人にとって「何かが緑色に見えている、という経験」はそれが経験である限りにおいて「何かが緑色である、と見る経験」と明らかに非常によく似ているという事実はあるが、しかし後者は単なる経験ではないと述べる。というのも、ある特定の経験とは何かがそのようなものであると見ることである、と言うこと（*to say that*）は、その経験を記述する以上のことをなすことだからである。言い換えればそのことは経験を断定や主張をなすものとして特徴付けることであり、またその主張を是認する（*endorse*）ことである（p. 144）。このことから次のような差異が明確になる。つまり「Xはジョーンズには緑色に見える」という陳述は、「Xは緑色であるとジョーンズは見る」という陳述と以下の点で異なる。後者は命題的主張をジョーンズの経験に帰するとともにそれを是認しているのに対して、前者はその主張をジョーンズに帰するが是認していない、という点で異なる（p. 145）。もちろん知識の資格を有するのは後者の陳述である。そしてセラーズは次のように強調する。

> 緑色に見えるという概念、つまり何かが緑色に見えると認める能力は、緑色であるという概念を前提としており、また後者の概念は、対象がどのような色を有しているかをそれらを見ることによって述べる能力を伴っている。つまり見ることによって対象の有する色を突き止めようとするならば、その対象が置かれている

状況がいかなるものであるかを知ることを伴っている。（p. 146）

すなわち「緑色に見える」ということが知識として通用するためには、この陳述を知識として成り立たせるための背景的情報が必須であるということである。

しかしながら以上のようなセラーズの主張は次のような不安を引き起こすことにもなる。もしXが緑色に見えると認める能力が緑色であるという概念を前提とし、また今度はこの概念が、対象の色を突き止めるためにその対象を眺める状況がいかなるものであるかを知ることを伴うとする。そうであればある特定の対象がある特定の知覚的特性を有していることに気付くことなしに、その状況が何であるかを決定することはほとんどできない。したがってたとえば緑色であるという概念を形成することは、すでにその概念を有していない限りできない、ということになってしまいそうである（p. 147）。

しかしセラーズによれば、この事態が含意しているのは、たとえば緑色という概念が一つの要素であるところの一群の諸概念を有することによってのみ当の緑色という概念を有することができる、ということである。つまりたとえば緑色という概念を獲得する過程は、様々な状況における様々な対象への反応という習慣を断片的に少しずつ獲得することの長い歴史を伴う。そしてそこには一つの重要な意味があることになる。それはつまりその意味においては、時間と空間における物理的対象の観察可能な諸特性に関わる概念は、そういった諸特性のすべて（さらにそれ以外のより多くのもの）を有しない限り有されることはない、ということである（p. 148）。

セラーズは以上のように考察を進め、あらためて次のような問いを立てる。経験的知識は基礎を有するのか。有するとすればそれはどのような基礎であろうか。有しないとすれば経験的知識はいかにして知識となるのだろうか。セラーズは最初に与件の神話の基本的な考えを再確認する。それによれば次のような性質を有する個別的な事実からなる層が存在していることになる。その性質とはすなわち、（a）当の事実の各々はただ非推論的に知られることができるだけでなく、それらは他の個別的事実あるいは一般的真理に関する知識を何も前提せず、また（b）この層に属している諸々の事実についての非推論的知識は、世界についてのあらゆる事実的主張（個別的あるいは一般的な）のための最高法廷（ultimate court）を構成する、というものである。すなわち最も高いレベルの知識は非推論的なものであるということであり、ここでいう最高とは権威（authority）を有するということである（p. 164）。さらに言明の権威（もしくは信頼性）はその最高位の知識が他の言明によって支えられていないということに存している。しかしこの権威はどのように理解されるべきか。大別して二つの種類の信頼性（もしくは権威）があるとされる。一方は、その文が属するタイプの信頼性から個々の文の信頼性が保証される場合である。つまりトークン（個別事例）の信頼性がタイプの信頼性から受け継がれる場合であり、あるタイプに属するある文トークンは、他の文との論理的関係を介して、さらにはその文がより基本的な文からの論理的帰結であるという事実を介して、その信頼性を得るということである。この典型例が「2＋2＝4」といった数学的命題すなわち分析的命題である。他方は信頼性が、ある一定の仕方である一定の状況の集合においてトークンが現れる、という事実から生じる場合である。たとえば「これは赤い」という言明がそうである。この場合トークンの信頼性はタイプの信頼性から派生するのではなく、最終的な権威はトークンにある（p. 165）。

以上が与件の神話に与する人々が主張する基本的な考えである。セラーズはここでさらに、「観察的知識を表現する」ような文トークンの権威はどのように理解されるべきか、と問う。もちろんこの場合セラーズが求めているのは、与件の神話に与する人々が提示する、他の個別的知識あるいは一般的真理に関する知識を何も前提しないという意味での非推論的・直接的権威ではない。セラーズはまず、知識の表現であるためには報告は権威を有するだけではなく、その権威がある意味においてその報告をなした当人によって認識されていなければならない、と指摘する（p. 168）。たとえば「これは緑色である」を観察的知識と確言するためには、まずそれが標準的な状況における緑色のものの現前の兆候あるいは記号（*symptom or sign*）でなければならない。加えて知覚者は「これは緑色である」というトークンが視覚的知覚にとって標準的な状況における緑色のものの現前の兆候であるということを知っていなければならない。この発話の適切性を判定するためには、このトークンに関わる様々な知識が知覚者にあらかじめ数多く前提されていなければならない。このことをセラーズは「単純な論理の問題として、人が他の多くの事柄をさらに知っていない限り、いかなる事実についての観察的知識も有することはできない」（同上）と言い換えている。つまりある特定の事実についての観察的知識、たとえば「これは緑色である」は、「XはYということの信頼できる兆候である」という形式の一般的事実を知っていることを前提としているのである（同上）。さらにセラーズは次のように強調している。

あるエピソードや陳述を、「知っている（*knowing*）」というエピソードや陳述として特徴付けることにおいて、われわれはそのエピソードや陳述の経験的記述を与えているのではない。われわれはそれを諸理由の論理空間の内に、すなわち自分の言うことを正当化したり、正当化することが可能となるような論理空間の内に（in the logical space of reasons, of justifying and being able to justify what one says）、置いているのである。（p. 169）

つまり個々の経験的陳述・知識は、その他の多くの様々な知識の総体すなわち理論に組み入れられて初めて、また理由や正当化の論理空間の内に置かれて初めて、知識の資格を有することになるのである。したがって与件・所与も、セラーズが言うところの「理由や正当化の論理空間」の内に置かれなければ知識の資格を持たないことになる。

このようなセラーズの「理由や正当化の論理空間」という見解は、示唆に富んだものであり、知識を論じるにあたってわれわれはこの考えを無視することはできないと思われる。(8) 本章第三節でデカルトの方法的懐疑を批判的に考察する際に手掛かりとするのは、セラーズのこの知識に関する「理由や正当化の論理空間」という見解である。次節ではこの見解を念頭に置きつつ、方法的懐疑の過程を『省察』の叙述に沿って検討していく。

第二節　デカルトの方法的懐疑

デカルトは第一・第二省察において方法的懐疑を実行するが、それは次のような方針に基づいている。まず、懐疑者がそれまで真なるものとして受け入れてきた偽なる意見を全面的に転覆するためには、「それらの意見のすべてを偽であると示すことは必然ではない」(AT, VII, 18) とする。さらに、「まったく確実で不可疑であるわけではないものに対しても、明らかに偽であるものに対するのに劣らず、気を付けて同意を差し控えるべき」(同上) であるとする。そしてこの方法的懐疑を実行することにおいて、懐疑者がかつて信じてきたものを一つ一つ吟味するのではなく、それらを幾種類かに分類し、それぞれの種類の原理そのものに疑いをかけるという作業を行う。このような方針・作業において明らかなのは次の点である。つまりデカルトは意見・知識をすべて同等の確実性の度合を持つものとしてではなく、それらが各々拠って立つ原理の確実性の度合に応じて明確に分類し疑いをかけていこうとしている、ということである。以下本節ではこのように分類された意見・知識の確実性の度合における上下関係 (階層関係) と同じ階層における諸々の意見が方法的懐疑の過程において果たす役割の二点について考察を加えていく。

デカルトはまず感覚から得られる知識に対して疑いをかける。「これら感覚は時々欺くということに私は気付いており、われわれを一度でも欺いたことのあるものを決して全面的には信用しないことが、分別のあることである」(同上)。つまり錯覚という現象が生じる、という理由で感覚から得られる知識・意見をすべて拒否することになる。第一省察では錯覚の具体例は挙げられていないが、第六省察では、「時々、遠くからは丸いと見られた塔が、近くで見ると四角いことが明らかになったり、その塔の頂上に立っている非常に大きい彫像が、地上から眺めるとそう大きくないように見えた」(AT, VII, 76)という例が挙げられている[9]。この場合は同じ対象が、条件が異なれば異なったものに見えるというものである。デカルトはこの時、二つの感覚的知識の一方を真、他方を偽とするのではなく、両者をともに拒否する。そもそも感覚がわれわれを欺くということがわかるには、同一対象について異なる意見を持つだけでなく、一方が真で他方が偽もしくは一方は確実で他方は不確実であるということが認識されていなければならない。このように認識されるためには、当の異なる意見だけではなく、それらの意見に関わる種々の意見もともに考慮されて、一方の意見が相対的に不確実もしくは偽である、と判断されることが必要である。ここで比較・考慮されている諸々の意見は、デカルトの分類に従えば(外部)感覚から得られる意見であり、この種類の中での確実性の度合に応じて、真偽や確実・不確実が判断され「欺かれる」という事態が生じる。しかしながらデカルトはさらに一歩進んで、(外部)感覚から得られる意見の内でこのような「欺かれる」という事態が起こり、この事態は(外部)感覚から得られる意見のどれにでも起こりうるということから、この種類の意見をすべて拒否する。すなわち同じ種類に分類される意見の間での確実性の度合を順序付けるのではなく、それらの意見の内で最も確実なものでも誤りうるという可能性に賭けて、異なった種類の意見へと考察を進めるのである。

次にデカルトが疑いをかけるのは「他の多くの、同じく感覚から汲まれはするが、それについてまったく疑うことのできないもの」（AT, VII, 18）であって、具体的には、「今私がここにいること、炉の側に座っていること、冬着を身につけていること、この紙を手に握っていること、こういう類のこと」（同上）である。このような身体的内部感覚[10]から得られる意見については夢という現象を用いて懐疑を進めていく。つまりわれわれは正常な時であっても夢の中では事実とはまったく異なったことを経験しうるし、さらには覚醒している時とまったく同じ体験を夢の中でそれが夢と気付かずに体験したことがあったということを指摘する。これらを理由としてデカルトは方法的懐疑を遂行し、「覚醒と睡眠とを区別しうる確実なしるしはまったくない」（AT, VII, 19）と断定する。これによって身体的内部感覚に関わる意見も偽なるものとされ現実はすべて夢であるという想定がなされることになる。そもそも夢の中において体験されることが事実と対応しない偽なるものであるとわかるためには、覚醒時の体験の方が確実性の度合が大きいということがわかっていなければならない。しかしながらデカルトは覚醒時と睡眠時との確実性の度合の順序付けへと進むのではなく、睡眠時に覚醒時と違わぬ体験をしたことがあるということから、前述の「われわれを一度でも欺いたことのあるものを決して全面的には信用しない」という方針を踏襲して、覚醒は睡眠とは区別されないという方向へ進む。

さて「われわれは夢を見ている」と想定したデカルトは、それでも「必然的に少なくともなお一層単純で普遍的なある他のものは真であると認められるべきである」（AT, VII, 20）とする。つまりデカルトは夢の中でも見られる様々な画像に注目し、それらの中で複合されたものについてはその実在を疑いうるが、それを構成している単純で普遍的な基本的要素については夢の中においてであろうとなかろうと真実のものであると認めようとする。そこでデカルトは「自然学、天文学、医学、および複合された事物についての考察に依拠するその他のすべての学問はなるほど疑わしい」（同上）とする。しかし他方「数学や幾何学、およびこの種の、極めて単純で極めて一般的な事物しか取り扱わず、またそれらのものが事物の本性（自然）の内にあるかどうかということにほとんど配慮しない他の学問は、何らかの確実で不可疑なものを含んでいる」（同上）と述べる。つまり感覚的世界全体が懐疑に付されたこの段階でも、数学が対象とするような単純で一般的なものの真理性は主張しうるようである。しかしながらデカルトはさらに方法的懐疑を遂行し数学的真理さえも疑おうとする。デカルトは「すべてをなしうる神が存在して、この神によって現に存在しているようなものとして私が創造された、という古い意見が私の精神に刻み付けられている」（AT, VII, 21）と述べ、この意見に基づき数学的真理について疑いを差し挟む。つまりデカルトは、神は自ら創造したところの人間に対して明証的な数学的認識においてさえも誤らせることは容易である、と想定し、数学的知識についても疑いを差し挟むことになるのである。

以上のような方法的懐疑によって人間の感覚的・知性的認識の対象がすべて懐疑に付されることになる。そして遂に「結局、かつて真であると私が考えていたものの内には、それについて疑うことが、それも無思慮や軽率によってではなくて強力で考え抜かれた理由によって疑うことが許されていないようなものは何もなく、それゆえにまたそれらに対しても、何か確実なものを私が見つけたいと欲するならば、明らかに偽なるものに対するのに劣らず、気を付けて同意を差し控えるべきである、と私は認めざるをえない」（AT, VII, 21-2）とデカルトは宣言することになる。

このような第一省察のあと、第二省察の冒頭では、すでに遂行された方法的懐疑の過程が簡潔ではあるが再び辿られ、さらなる懐疑が進められる。最終的に方法的懐疑の果てにデカルトが発見するのは、周知の通り「私はある、私は存在する」という第一の真理である。この命題が真であることは、方法的懐疑を遂行中の「私」によって述べられるたびごと、ないしは精神によって捉えられるたびごとという限定のもとに成り立っている。すなわち方法的懐疑という手続きと「私」の存在の定立は不可分の関係にあるといえる。(11)

以上のように方法的懐疑を実行していった結果、「私はある、私は存在する」という第一の真理にデカルトは行きあたった。そこでこの方法的懐疑の順序に従って、懐疑者がかつて持っていた意見・知識を確実性の度合の小さいものから順に並べると次のようになる。外部感覚から得られる意見・知識、身体的内部感覚から得られる意見・知識、自然学的意見・知識、数学的意見・知識。そしてこれらの意見・知識がすべて何らかの理由で疑いうるとされたのに対して、「私はある、私は存在する」という命題は「私」によって述べられるたびごとに、もしくは精神によって捉えられるたびごとに不可疑であり必然的に真であるとされる。

デカルトは様々な意見・知識を上記のように分類し、ある種類のものから別の種類のものへと懐疑を進めていく。先に論じたようにある種類のものから別の種類のものへと懐疑が移行するにあたっては、同一種類に分類される種々の意見の確実性の度合の違いが重要な契機となっていた。しかしデカルトは同一種類に分類される諸々の意見の確実性の度合を順序付けるという方向にではなく、上記のように分類された意見の種類間の上下方向へと向かった。この方向においてのみ「私はある、私は存在する」という第一の真理が定立されることになる。ここでこのような方向性が正しいのか、すなわち真理探究の手段として方法的懐疑を選択し採用したことが正しいのか、という問いが生じうる。先述のセラーズの視点で問題を捉えるならば、デカルトが方法的懐疑を遂行していく際の彼の「理由や正当化の論理空間」は妥当なものなのか、ということである。この点を次節で考察する。

第三節　方法的懐疑の論理空間

まずは知識に関するセラーズの基本的な考えを簡潔に再確認しておく。セラーズによればある言明・主張が知識として妥当するためには、単に言明の内容をなす経験を記述するだけではなく、その経験をある断定や主張をなすものとして特徴付けまたその主張を是認することを必要とする。そしてこのように主張を是認するためには、個々の経験的陳述・言明をその他の多くの様々な知識の総体すなわち理論に組み入れることを必要とし、また理由や正当化の論理空間の内に置くことを必要とする。このような論理空間の内に置かれてこそ言明や主張は知識として妥当するものになる。

このようなセラーズの「理由や正当化の論理空間」という見解は、知識なるものを論じるにあたっては無視することのできない妥当なものであると考えられる。そこでこのようなセラーズの考えに照らしてみると、デカルトの場合はどのように評価されるだろうか。デカルトは『省察』においては最終的に「私はある、私は存在する」という第一原理を土台として、数学的知識から感覚的知識までの様々な知識を互いに連関をなすものとして再構築している。そこには一見して精妙な論理空間があるように思われる。しかしながら第一原理を見出す過程すなわち方法的懐疑の過程が有している論理空間は不備のない完全なものであろうか。以下では先に感覚的知識に対する懐疑の過程を再考してみる。そして次に「私はある、私は存在する」という命題が置かれている論理空間について論じる。

前節の前半部分では外部感覚から得られる意見・知識、身体的内部感覚から得られる意見・知識を取り扱った。ここでは主に前者に関して再考する。そこではデカルトはわれわれがこれまでこの上なく真であると認めてきたものは感覚を通して受け取ったものであると一旦は認める。しかしながらこれらの感覚は時々欺くということに気付いているのだから、これらのものを全面的には信用しないとして外部感覚から得られる意見を捨て去ることになる。問題となるのは「感覚は時々欺く」という主張はどのようにして正当化されるのかという点である。前節では第六省察において挙げられている例を参照した。この例をもう一度考えてみる。そこで挙げられていた例の場合では、同じ対象が、条件が異なれば異なったものに見えるというものであった。同じ対象が異なったものに見えると言えるためには何が前提されているのだろうか。「Aがxに見える」（状態（1））と「Aがyに見える」（状態（2））を考えてみる（もちろんxとyは異なる）。まず（1）と（2）において共通となっているのは、対象Aは同一であるということである。対象Aが同一でなければ（1）と（2）は共通なものを何も持たない別々の事例となり、錯覚という現象を説明するための事例とはならない。よって状態（1）と（2）にはまず共通となる諸要素が数多く（言語表現には現れていないが）前提されている。それらの諸要素はセラーズに従えば、その言明（（1）と（2））以外の多くの様々な知識の総体すなわち理論ということになろう。こういった前提とされた知識によって、状態（1）と（2）に共通するAという対象が同定されて、xとyとの差異が際立つものとなる。第六省察の例においては同じ対象が異なったものに見える原因は距離の遠近という条件にあった。このような条件を知ることによって、状態（1）と（2）が単なる別々の事態であるのではなくて、錯覚という現象を示す事態であるということが理解される。その上でさらにその錯覚を生じさせる条件を吟味することで、一方が真で他方が偽という判断を下すことになる。

以上のように、錯覚という現象を錯覚として認識しそれに真偽の判断を下すことには、数多くの知識が前提されていなければならず、したがってセラーズの言葉を借りれば「理由や正当化の論理空間」の内においてわれわれは錯覚という現象を語っていることになる。ここでデカルトのように、錯覚を示す現象すなわち感覚から汲まれる意見・知識をすべて捨て去るとすればどうなるだろうか。ある感覚的現象を錯覚と判断することは他の多くの感覚的知識・意見を前提としていた（その他の自然学的知識・意見といったものももちろん前提されている）。数多くある感覚的知識・意見の内である特定のものを錯覚であり、偽であるとして否定し捨て去っても特に問題はない。しかし感覚的知識・意見をすべて捨て去るということは、ある特定の感覚的知識・意見を錯覚としている「理由や正当化の論理空間」そのものを捨て去ることにもなりかねない。この論理空間を捨て去ってしまえば、感覚的知識・意見を捨て去ることの論拠となった錯覚という現象を証示することができなくなってしまう。

このような難点をさらに明らかにするために、前章第二節でも取り上げた第三省察の太陽についての二つの異なる観念に関する議論を再考してみる。これら二つの太陽の観念とは、その一方については「あたかも感覚から汲まれたものであって、それは特に私が外来的なものと見なしたものの内に列挙されるべきものであるが、それによると極めて小さな太陽が私に現れ出ることになる」（AT, VII, 39）と述べられていた。そしてもう一方については「天文学上の諸理由（根拠）によって引き出されたもの、すなわち何か私に生得的な諸概念によって取り出されたもの、あるいは何か他の方法によって私によって作り出されたものであり、それによると太陽は地球よりも何倍も大きいことが表示される」（同上）と述べられていた。この引用箇所ではすでに方法的懐疑の過程を経ているので、感覚的知識も自然学的知識も否定され捨て去られてしまっている。よってデカルトもこのすぐあとで「これら二つの観念の内のどちらもが、私の外に実際に存在している同じ一つの太陽に類似していることはありえない」（同上）と述べている。

しかしこの「ありえない」ということを正当化する根拠とは何であろうか。デカルトに従えば方法的懐疑の過程で見たように感覚的知識・意見も自然学的知識・意見も確実ではなく、したがってそういった知識によって構成される太陽の観念は真なるものでなく、そもそも太陽が存在するということそのものも真ではない可能性がある。ところが先述のように感覚的知識・意見をすべて捨て去り、またそのような感覚的知識・意見を知識としている理論の一部を成している自然学的知識・意見をすべて捨て去ってしまうとどういう事態が生ずるか。それはそのような知識・意見をすべて捨て去るとともに、それらを知識・意見として成り立たせている論理空間そのもの（諸要素がなければ論理空間として機能しない）を捨て去ってしまう、という事態であった。感覚的知識や自然学的知識を捨て去ってもそれらを構成しうる数学的知識が残っているではないか、という反論もあるだろう。確かにデカルトに従えば、知識間におけるそのような上下関係があることはある。しかしながら同一階層に属する諸々の知識・意見間の横の関係も存在する。そして前節で見たように、知識の上下関係へと懐疑が進行していくためには、知識の横の関係が重要な役割を果たしていた。そのことを見落としてはならない。

ではデカルトが最終的に辿り着く「私はある、私は存在する」という第一の真理が置かれている論理空間に関してはどうであろうか。この第一の真理そのものはまさにセラーズが言うところの「与件」の一種に相当するものである。なぜならこの「私はある、私は存在する」という命題は、デカルトによれば非推論的で直接的な知識だからである。デカルトは『省察』第二答弁で次のように述べている（この引用箇所は、本書第I部第三章第四節でも言及した）。

> また誰かが「私は思惟する、ゆえに私はある、あるいは私は存在する」と言う時には、彼は［自らの］存在を思惟によって三段論法を通じて演繹したのではなく、あたかも自ずから知られたものとして精神の単純な直観によって（simplici mentis intuitu）認識するのである（AT, VII, 140）。

よってこの第一の真理が置かれている論理空間についても、セラーズの見解に従って批判的に考察することは可能である。

デカルトがこの「私はある、私は存在する」という命題を真理として打ち立てるためには、ある条件が必要であった。これは本章第二節で確認した通りである。つまりその条件とは、この命題が方法的懐疑を遂行中の「私」によって述べられる、あるいは精神によって捉えられる、というものであった。しかしこのような限定のみでこの命題の真理は成り立つだろうか。先に引用した第二答弁の記述のように、この第一の真理が三段論法を通じて演繹されたものではないとしよう。しかしだからといってこの第一の真理は自ずから知られたものとして直観されるものであろうか。自ずから知られるのであれば、方法的懐疑を行使する意味はなくなってしまうだろう。したがって少なくとも第一の真理がわれわれに知られるためには、三段論法による演繹は必要でなくとも方法的懐疑という過程を経なければならないということはデカルトの『省察』の叙述の仕方からして明らかである。

さてデカルトは方法的懐疑を行使し、この第一の真理に辿り着くまでに様々な意見・知識を捨て去っている。その過程は前節で確認した通りである。しかし本節でこれまで充分に考察したように、方法的懐疑の過程において、ある階層に属する意見・知識をすべて捨て去るということは、方法的懐疑を機能させている「理由や正当化の論理空間」そのものを解体しかねない。つまり方法的懐疑によってデカルトが第一の真理を発見するその際にあの命題をある種の特権的な知識として成り立たせているのは、まさにそれまでの懐疑の過程で偽であるとして拒絶してきたものである。さらに言い換えれば、切り捨てられてしまうことになる様々な意見・知識が先述のように「理由や正当化の論理空間」においてそれぞれの位置を占めているからこそ、懐疑が懐疑として成立しうる論理空間が保持されて、ひいてはあの命題がある種の特権的な知識として成立するのである。しかしながらこの場合、この「私はある、私は存在する」はデカルトが望んだような非推論的で直接的な知識ではもはやありえないことになるだろう。

結　語

以上本章では、セラーズの「経験主義と心の哲学」に現れている知識に関する「理由や正当化の論理空間」という見解を手掛かりにして、デカルトの方法的懐疑の過程を批判的に考察してきた。デカルトは方法的懐疑を遂行し知識の上下方向へと考察を進めていくことによって、彼が断言するところの「私はある、私は存在する」という第一の真理に行きあたった。しかしながら本章第二節で考察したように、知識の上下方向へと懐疑が進行していくためには、知識の横の関係が重要な役割を果たしていた。そしてこの知識の横の関係が有している意味は、本章で導入したセラーズの見解によって明確になったと思われる。つまり本章第三節で考察したように、この横の関係を捨て去ってしまうことは「理由や正当化の論理空間」を捨て去ってしまうことになりかねず、それは方法的懐疑の過程そのものを機能停止状態にしかねないということである。

本章の議論によってデカルトの方法的懐疑のステップがすべて否定されるというわけではない。しかしながらセラーズの見解を手掛かりにして、この方法的懐疑が有しているある種の重大な不備が明瞭に浮かび上がってきたことにより、本章の目的は達せられたと考えられる。上記のような帰結がデカルトの「方法」を評価するにあたってどのような意味合いを有するかについては、本書全体の結論部（「おわりに」）において論じることにする。

[注]

（1）この方法的懐疑に関してはこれまで数多くの論考が提出されてきた。それらすべてを網羅的に参照することは紙幅の関係上できないが、ごく最近に出版されたデカルトの方法的懐疑や懐疑論一般についての単行本と論文集をここに挙げておく。Janet Broughton, *Descartes's Method of Doubt* (Princeton: Princeton University Press, 2002). この本ではデカルトの方法的懐疑について、まず古代の懐疑論との比較を通してその独自性を明らかにし、デカルトが彼自身の根源的懐疑を可能にする条件を明らかにすることによって絶対的な確実性を追求したと論じている。さらに本書ではデカルトがこの戦略を自身の存在と神の存在の証明とにどのように用いたのかを詳細に説いている。Charles Landesman and Roblin Meeks (eds.), *Philosophical Skepticism* (Oxford: Blackwell Publishing, 2003). この本は、古代から現代に至る哲学史における著名な哲学的懐疑論を、原典の抜粋を添えて（英訳）数多く紹介している。Keith DeRose and Ted A. Warfield (eds.), *Skepticism: A Contemporary Reader* (New York & Oxford: Oxford University Press, 1999). この本は、二〇世紀に英語圏で懐疑論について書かれた著名な論文をテーマごとに集めたものであり、現代の懐疑論の全体像を把握するのに格好の書物である。Walter Sinnott-Armstrong (ed.), *Pyrrhonian Skepticism* (Oxford: Oxford University Press, 2004). この本はタイトル通り、古代懐疑論の代表であるピュロン主義について論じられた最近の論文を集めたものである。

（2）この命題はデカルト哲学においては、知識の確実性の階梯の中で、『方法序説』（一六三七年出版［仏語］）第Ⅳ部における「私は思惟する、ゆえに私はある（*je pense, donc je suis*）」(AT, VI, 32)、および『哲学原理』第Ⅰ部における「私は思惟する、ゆえに私はある（*ego cogito, ergo sum*）」(AT, VIII-1, 7) と同じ資格を有する。

（3）デカルトが学問を構築するにあたってどのような構図を頭に描いていたかを推し量るには、『哲学原理』（一六四四年出版（ラテン語）、仏訳は一六四七年出版）の仏訳の序文にある次の記述が参考になる（この引用箇所は本書「はじめに」でも言及した）。「哲学全体は一本の樹のようなものであって、その根は形而上学であり、その幹は自然学であり、この幹から出ている枝は諸々の学問すべてであって、これらは三つの主要な学問、すなわち医学と機械学、道徳とに帰着する」(AT, IX-2, 14)。

（4）デカルトの言う「知識（scientia）」と「意見（opinio）」とは、周知の通り知識論の伝統からすれば古代ギリシャ哲学の「エピステーメー（*ἐπιστήμη* 知識）」と「ドクサ（*δόξα* 臆見）」に対応しているものであり、両者ははっきりと区別されている。つまり「知識」はものごとについて一定の根拠・理由に基づいて確実に知られた事柄を意味し、他方「意見」の方はものごとについての偽なることがありうるような不確かな思いなしにすぎない。ただ著者は知識について可謬主義の立場にあるので、本章の地の文における括弧なしの知識という言葉については、広い意味での「知られていること」と解されたい。つまりいわゆる知識と意見との間には本質的な違いがあるわけではなく、確実性の度合いの多少があるものとして著者は捉えている（より確実で客観的で公共的であるのがいわゆる知識である）。

（5）次の文献を参照。Ludwig Wittgenstein, *Über Gewißheit*（Oxford: Basil Blackwell, 1969）［邦訳：『ウィトゲンシュタイン全集9 確実性の問題・断片』（黒田亘・菅豊彦訳、大修館書店、一九七五年）］. W. V. O. Quine, 'Epistemology Naturalized', in id., *Ontological Relativity and Other Essays*（New York: Columbia University Press, 1969）, pp. 69-90［邦訳：「自然化された認識論」（伊藤春樹訳、『現代思想』一九八八年七月号所収）］. なお本章で論及するセラーズの論文に大きな影響を受け、懐疑論についての考察を主眼とする独自の認識論・知識論を展開している人物として、マイケル・ウィリアムズの名を挙げることができる。次の文献を参照されたい。Michael Williams, *Problems of Knowledge: A Critical Introduction to Epistemology*（Oxford: Oxford University Press, 2001）.

（6）ここ数年セラーズのこの論文に関する興味深い邦語論文がいくつか出ている。次の文献を参照されたい。菅野盾樹「言語のような精神―W．セラーズの類比説に関する一考察」（『大阪大学大学院人間科学研究科紀要』第二六巻（二〇〇〇年）、二三一―四九頁）。浜野研三「クワインとセラーズ―規範の位置」（『人文論究（関西学院大学人文学会）』第五一巻第四号（二〇〇二年）、九一―一〇三頁）。荒畑靖宏「信念と態度決定―知覚的信念をめぐるフッサールとセラーズ」（『現象学年報』第二一号（二〇〇五年）、一二七―三六頁）。

（7）Wilfrid Sellars, 'Empiricism and the Philosophy of Mind', in Herbert Feigl and Michael Scriven（eds.）, *Minnesota Studies in the Philosophy of Science*, vol. 1（Minneapolis: University of Minnesota Press, 1956）, pp. 253-329. この文献は W. Sellars, *Science, Perception and Reality*（London: Routledge & Kegan Paul, 1963）に再録されており（pp. 127-96）、本章での引用箇所の頁数はこの本に拠っている（日本語訳は著者による）。なおこの本は最近抄訳であるが邦訳本が出版されている（『経験論と心の哲学』（神野慧一郎・土屋純一・中才敏郎訳、勁草書房、二〇〇六年））。なおまたこの論文は、リチャード・ローティの序文、ロバート・ブランダムの解説付で単行本化されている（W. Sellars, *Empiricism and the Philosophy of Mind*（Cambridge: Harvard University Press, 1997））。この単行本についても邦訳が出版されている（『経験論と心の哲学』（浜野研三訳、岩波書店、二〇〇六年））。

（8）現代の認識論におけるセラーズの思想の位置に関しては、マイケル・ウィリアムズの文脈主義とも合わせて本書の「おわりに」で言及する。

（9）第Ⅰ部第三章第四節末尾で言及したように、感覚に対するこれと同じような疑いの議論はすでに古代ギリシャ哲学以来頻繁に行われている。

（10）内部感覚（sensus internus）。省察において直接的な定義はないが、第六省察（AT, VII, 74 ff）を参照すると、内部感覚ということで想定されているのは身体を有しているという感覚、快楽・苦痛の感覚、飢え・渇きなどの欲求、喜び・悲しみ・怒りなどの感情などである。これに対して外部感覚（sensus externus）ということで想定されているのは外部にある物体の延長・形状・運動やそれらの物体における様々な触覚的な性質についての感覚などである。『省察』第六答弁には感覚の三つの段階について述べられている箇所もある（AT, VII, 436-7）。上記の引用箇所では、炉・冬着・紙などの外部の事物についてというよりもそれらとの関わりにおける身体状態についての例を挙げているように思われる。

（11）この関係については、小林道夫『デカルト哲学の体系』（勁草書房、一九九五年）の第Ⅱ部第二章、一二六頁以下で詳述されており、それを参考にした。

おわりに

デカルトの「方法」が実際上どのような論理構造を有するのか、あるいはデカルトの「方法」によって構築される学問全体はどのような構造を成しているのか。そのような問題意識のもと、本書ではデカルトの方法に関する入念な考察を遂行してきた。本書の第Ⅰ部では、デカルトの方法が「観念」理論と「分析」理論という二本柱から成っていることを前提として、彼の様々なテキストを参照しつつ、これら二つの理論の内実と特徴を正確に捉えることを試みた。そしてそれらの考察をもとに、本書第Ⅱ部においてはそれらの理論が内在的にはらんでいるいくつかの問題について考察を進めてきたわけである。

第Ⅱ部第一章では、デカルトの「分析」理論において要となる「確実かつ不可疑」という基準にまつわる「デカルトの循環」という問題を取り扱った。そこで著者は、デカルトの「分析」理論に忠実に従うならば、この「デカルトの循環」という問題は解決できない、と結論付けた。第Ⅰ部第四章で論じたように、デカルトの思想、少なくとも『省察』においては、「確実かつ不可疑」という概念と「明晰かつ判明」という概念は明確に区別されなければならない。そしてデカルトはその「確実かつ不可疑」という基準に忠実に従うことによって、彼にとってのアルキメデスの点である「私はある、私は存在する」という第一の真理を発見することになる。しかしながらこの「確実かつ不可疑」という基準に忠実に従うからこそ、彼の議論はある種の循環に陥ってしまい、彼が望むような確固不動の土台から諸学問を構築していくという試みが阻まれることになってしまう。

第Ⅰ部第三章で確認したように彼の「分析」という方法は、中世スコラ哲学におけるアリストテレス主義とも古代懐疑主義とも異なる独自の「方法」である。この方法を行使することで、デカルトは「私はある、私は存在する」という第一の真理を発見できたわけだが、逆にその方法に忠実に従うことで、その真理から先に進むことが論理的には非常に困難になってしまう。「分析」の基準を緩めて、「確実かつ不可疑」の領域と「明晰かつ判明」の領域を同一視してしまえば学問の再構築は可能となるが、そうなればせっかく発見した第一の真理の特権性は減じられてしまうことになる。もはやそれはデカルトが望んだような不動の一点ではなくなってしまうだろう。

デカルトの議論を擁護する解釈として有力なものと目されているのは、第Ⅱ部第一章第三節で紹介したものである。つまり「精神(コギト)の注意のはたらき」により、神の存在証明のプロセスの有効性を保証しようとするものであった。この「コギトの注意のはたらき」によって「明晰かつ判明」の領域に属するものが真なるものとして捉えられることになり、神の存在証明が完遂されるわけである。しかしながら、この「コギトの注意のはたらき」さえも無効にできる形而上学的懐疑を実行することが、デカルトの「分析」という方法の要であり、その形而上学的懐疑にさえも耐えうるからこそ、「私はある、私は存在する」が第一の真理たりうるのである。

以上のような点を考慮すると、やはりデカルトの「分析」という方法の独自性を尊重することと、いわゆる「デカルトの循環」という問題を解決することとは、両立は困難であろう。そうであれば残るのは、「循環」を甘んじて受け止めるか、「分析」という方法、あるいは「方法的懐疑」そのものを断念するか。さらには「方法的懐疑」そのもののプロセスに再び目を向けねばならないだろう(第Ⅱ部第三章の議論と絡めてのちに論じる)。

そもそも第Ⅱ部第一章で論じた「循環」は、デカルトが『省察』において順守した「私の把握に関する順序」から見れば、望ましくない「循環」である。デカルトが用いた「分析」は、従来の学問体系を土台から覆し、新たな学問を構築するためには必要不可欠な方法であった。だからこそデカルトは自分の方法の要となる「分析」の基準に「確実かつ不可疑」という非常に厳格な基準を設定したわけである。そしてデカルトは順守すべき「順序」として、「最初に提示されるものが、後続するもののいかなる援助もなしに認識されねばならず、そして残りのすべてのものが、ただ先行するもののみによって証明される」(AT, VII, 155) というものを捉えていた。したがって『省察』の反論者たちが指摘したような「循環」、つまりは神の存在を証明する際に用いる規則（いわゆる「明証性の一般的規則」）そのものが神によって保証されている、という「循環」は上記の「順序」に反することになろう。

そうであればこの場合、問題はこのような「循環」をあくまで退けるべきものとして捉えるのか、あるいはそもそも「循環」を成立させてしまう「順序」なるものを再検討するかである。デカルトの言う「順序」を保持するのであれば、「循環」を犯すことは避けられない。しかしそもそも学問体系はデカルトが言うような「順序」に従って構築されるのか、あるいはされるべきなのか。そのような「順序」に従わないような、あるいは「循環」をその必須の要素として内包するような学問体系の構築が可能かどうか、そういったことの検討も必要となろう。著名なところではハイデガーらの提唱した「解釈学的循環（Hermeneutischer Zirkel)」やクワインの「自然主義（Naturalism)」の試み（詳細は後述する）、整合説（coherence theory）などの成否が鍵となる。

第Ⅱ部第二章では、デカルトの「観念」理論が有している自然学的側面を重視しつつ、彼の形而上学的な論証がどのような論理構造を背負っているのかを検証した。特に第Ⅰ部第一章で確認するような自然学の文脈における「観念」理論を念頭に置きつつ、第三省察の神の存在証明という典型的な形而上学的論証において、観念とそれを含む論証構造がどのような内実を有しているのかを考察した。第三省察においては、デカルトの「私の把握に関する順序」に従う限り、自然学で論じられるような外的物体といったものはまったくその存在を認められていない。つまり自然学の文脈での観念は一旦括弧に入れられた上で神の存在証明という論証は実行されている。

しかしだからといってその論証の中に現れる「観念」という用語が、自然学の文脈の中で「観念」という用語が有していた役割を完全に払拭された形で使用されているとは限らない。著者は自然学の文脈において観念が有している外的物体との関係における記号的な役割と、形而上学の文脈において観念が有している「表現的実在性」との密接な結びつきとをこの章で指摘しておいた。デカルトは彼の意図からしても、形而上学における論証構造に自然学的な論理を明言することはない。しかしながらこの章の議論で著者が指摘したいくつかの状況証拠からすれば、彼の形而上学的な論証の背後に自然学的な論理、特に観念を含む認識理論が潜んでいると考えられる。

デカルトの「分析」理論においては、学問体系を構築するための土台となるものを発見していく際に、認識論的により先なるものから（ア・プリオリ）学知が構成されねばならないということが目標として設定されていた。そして具体的な「分析」の作業（典型的には「方法的懐疑」）が遂行され、その結果として発見された「私はある、私は存在する」を土台にして、学問体系が再構築されていく。その際には、先なるものは後続するものに援助されることなく認識され、後続するものは先行するもののみによって証明される、という順序をデカルトは遵守しなければならなかった。したがってそのような認識論的な順序からすれば、自然学に先立つ形而上学における議論である神の存在証明の過程においては、自然学的な論理・要素はまさしく

「後続するもの」であり、論証の中に混入することはあってはならないだろう。

　しかしながら第Ⅱ部第二章の議論においては、そのごく形而上学的な論証である神の存在証明において重要な役割を果たす「観念」というものが、単に「精神の内」という枠内に留まるものではなく、「精神の外」、とりわけ自然学における「精神」「観念」「対象（外的物体）」という枠組みを前提としなければ成立しない、ということが示唆された。つまりデカルトの形而上学における議論には、すでに自然学における論理・要素が組み込まれており、デカルトの形而上学にはある種の認識論における自然主義の性格が現れている、ということになるかもしれない（もちろんデカルトの基本的な立場からすれば、このような自然主義的性格は現れてはならないのであるが）。第Ⅱ部第二章で論じたように、デカルトはこのような自然主義的性格を直接表明することはないので、この問題に関しては慎重な議論を必要とするが、デカルトの「方法」の論理構造を解き明かすにあたっては興味深い論点である。

　また本書では詳しく論じなかったが、第Ⅱ部第二章の議論に関連するトピックで重要なものとして、神の存在証明のプロセスにおいて言及されている、観念の「質料的虚偽（falsitas materialis）」の問題がある（第Ⅰ部第二章注（14）を参照）。それはつまりデカルトによれば、虚偽そのものは本来「判断（judicium：命題的なものであって、何らかの観念をその諸要素として含んでいる）」に属するものであり、観念そのものを「私の思惟の何らかの様態として考察するだけで、それを何か他のものに関係付けないのならば、それ［観念］が私に何らかの誤謬の材料を与えるということはほとんどない（vix mihi ullam errandi materiam dare possent）」（AT, VII, 37）のである。ただしかし、「ものでないものをあたかもものののように表現する場合には（cum non rem tanquam rem repraesentant）、観念の内には他の何らかの質料的虚偽がある」（AT, VII, 43）とされる。

　このような虚偽があるのかどうか、おもに第四反論と答弁においてアルノーとデカルトの間で議論が行われるのであるが、興味深いのはデカルトがこのような観念の質料的虚偽を論じる際に用いる具体例である。つまりデカルトは熱さと冷たさの観念を挙げ、それらがほんの少ししか明晰かつ判明であるにすぎず、冷たさは熱さの欠如なのか、あるいはその逆か、あるいは双方とも実在的な性質なのか分からない、と論じている。熱さや冷たさの観念は感覚的な観念であり、とりわけ外的事物とわれわれの身体との相互作用で生じる観念であろう（観念の三つの区分で言えば、「外来的な観念」）。しかしながらこの観念の質料的虚偽が語られるのは、まさしく形而上学的な議論である神の存在証明においてなのである。つまりそこでは、デカルトの「私の把握に関する順序」においては「精神の外」がまだ未確定であり、むしろその「精神の外」がそもそも何らかの形でありうるかどうかが論じられている。

したがってこのような文脈で観念の「質料的虚偽」なるものを論じることが妥当であるのかどうか、あるいはやはり、デカルトはこの段階で「観念」用法に自然学的な枠組みを前提しているからこそ、このような「質料的虚偽」の議論を展開しているのか。後者であるとすれば、この観念の「質料的虚偽」をめぐる言論は、デカルトの自然主義的性格を示すもう一つの証左となるかもしれず、このトピックに関してはさらなる議論が試みられねばならないだろう。

第Ⅱ部第三章ではデカルトの「分析」理論の最も典型的なものといえる「方法的懐疑」について考察した。第Ⅱ部第一章で「デカルトの循環」という問題を論じたのは、デカルトの「分析」理論が有する「確実かつ不可疑」という基準が、一旦捨て去った様々な知識を再構築していく上で、どのような役割を果たしているのかを探るためのものであった。先に指摘した通り「確実かつ不可疑」という厳格な基準に従う限りでは、知識を再構築していく最初の段階である神の存在証明でさえ論理的には不充分な形でしか遂行されえない。

それに対して第Ⅱ部第三章の議論は、「私はある、私は存在する」というデカルトにとっての第一の真理を見出す方法的懐疑という過程が、そもそもどのような論理構造を有しているのか、あるいは彼の意図に合致した方法なのか、を探るものであった。

この章では議論を進めていくための手掛かりとして、セラーズの知識に関する「理由や正当化の論理空間」という見解を参照し、この見解に沿ってデカルトの方法的懐疑の論理構造を明らかにすることを試みた。そこで明らかになったのは、方法的懐疑の過程においてある階層に属する意見・知識をすべて捨て去るということは、方法的懐疑を機能させている「理由や正当化の論理空間」そのものを解体しかねないということである。別の言い方をするならば、デカルトが切り捨ててしまうことになる様々な意見・知識が、「理由や正当化の論理空間」においてそれぞれの位置を占めているからこそ、懐疑が懐疑として成立しうる論理空間が保持され、ひいては「私はある、私は存在する」というあの命題がある種の特権的な知識として成立することになる。しかしながらこの場合、この命題はデカルトが望んだような確実性の階梯において絶対的な地位を占める非推論的で直接的な知識ではもはやありえない。

このようにデカルトの「方法的懐疑」をどう評価するかは、現代の認識論・知識論における懐疑論の問題にも密接に関わるので、ここで現代の認識論・知識論の動向について少し論じておこう。認識論および知識論においては、伝統的にも、現代の議論においても、哲学的懐疑論にどう対決するかという課題が重要な論点の一つである。なぜこの哲学的懐疑論が問題であるのかというと、懐疑論はわれわれの有している知識のほとんどすべてが実際は知識ではないということを主張するからである。この主張に適切に反駁できなければ、「われわれは何をどのように知るのか」についての理論である知識論は成立し難いものとなろう。

著者が本書で論究しているデカルトも、この懐疑論に対抗するためにあえて「方法的懐疑」という手法を用いて議論を展開したということは、周知の通りである。デカルトは「方法的に」懐疑を進め、これまで真として受け容れてきたあらゆる知識を疑い、偽なるものとしていったが、そこで最終的にたどりつくのが、「コギト」という疑いえないものである。デカルトはこの唯一疑いえないものである「コギト」を基礎として、すべての知識を再構築する。したがってデカルトは決して懐疑主義者ではなく、彼は典型的な基礎付け主義の立場にあると言えよう。

デカルトはこの「コギト」を新たな出発点に神の存在を証明し、そこからいったんは疑っていた外的世界の存在を確証する。しかしそのように確証された外的世界つまり自然世界は、疑う前とは異なり素朴実在論的なものではなく、ある種の粒子説と数学という枠組みを通して捉えられるものとなる。つまり「コギト」と「欺かない神」という形而上学的真理を土台にして、現在まで続く近代的な自然科学の枠組みを形作ったわけである。このような方向性は一方ではいわゆる主観性の哲学の興隆を促し、他方では現在まで続く数学的自然学の端緒となった。しかしながら、そのような方向性の是非はともかく、そのような方向性を打ち出すために用いたデカルトの方法、あるいはその基礎付け主義という立場は何の問題もないだろうか。

認識論上の様々な立場がある中で、上記のようなデカルトが採用した基礎付け主義は、もっと一般化して言うと次のようなことを主張する立場となるだろう。つまりある知識はそれよりもっと基礎的な知識によって正当化され、この正当化のプロセスは無限に続くわけではなく、あらゆる知識の最終的な源となっているような認識論的に特権的な地位を有する基礎的な知識がいくつかあり、それらによってすべての知識は基礎付けられている。このような知識の正当化に関するいわゆる遡行問題は、古くはアグリッパのトリレンマ（Agrippa's Trilemma）と呼ばれるものであり、無限後退（infinite regress）、循環（circularity）、仮設（assumption）の三者択一を強いられ、どれも正当化には失敗することになる。(1) 基礎付け主義はこのトリレンマを断ち切るものとして、不可謬性（infallibility）を有する基礎的知識を見出そうとしてきた。デカルトの見出した「コギト」も、そのような不可疑であり不可謬性を有すると目されたものであろうが、本書の議論が正しければ、そのような特権的な地位を有する知識であるとは言い難い。ウィルフリッド・セラーズが批判した「与件（the given）」なども、感覚与件論者があらゆる知の出発点とみなしたものであるが、セラーズが指摘したようにその不可謬性は確証されなかった。

このような知識の正当化の遡行問題や、そもそもの正当化のプロセス自体に疑いをかけていく懐疑論への対処法としては、いくつかの立場がある。知識が正当化されているかどうかはわれわれの心の中の認知状態によってのみ決定するという、いわゆる内在主義（internalism）の立場。この内在主義とは逆に、ある知識が正当化されているかどうかにわれわれの心の中の認知状態以外のものが関わっているという、外在主義（externalism）の立場もある。さらに外在主義の一形態である信頼性主義（reliabilism）は、ある人の有する知識が「信頼の置けるプロセス（合理的で法則的な状況の連なり）」によって形成されるということで、その知識は正当化されたとみなしている。

「与件の神話」を批判したセラーズは、論文「経験主義と心の哲学」で、適切な仕方で知識を有すると言われるためには、報告者は問題となっている知識の推論による正当化を提供できねばならないことを強調している。[2] つまりセラーズは認識論上の内在主義の一形態を承認している。セラーズによれば、知識を有するためには、われわれは常に必要となるならば自らが主張することを正当化することができなくてはならない。つまり主張をする（知識を有している）と見なされるためには、報告者は理由の論理空間の内に、正当化したり正当化したりすることが可能であるような論理空間の内に（in the logical space of reasons, of justifying and being able to justify）いなければならない。このセラーズの見解は、「理由や正当化の論理空間」ということを強調することによって、知識についての認識論的な正当化はそのように信じるべき理由を与えることである、ということを確認している。ここでの「べき」には知識の正当化が有する規範的（normative）な性格も現れている。つまり知識とは単なる事実的状態ではなく、独特の規範的状態（normative status）なのである。

このようなセラーズの立場に対して、外的な要因のみが知識を得るための充分な条件を与えると主張するラディカルな外在主義は、クワインが提唱したところの「認識論は自然化されるべきである」という主張（論文「自然化された認識論（Epistemology Naturalized）」（一九六八年））にうまく調和するだろう。[3] この場合の「自然的（natural）」とは、「非―自然科学的」な「超自然的（supernatural）」の対立概念であり、他方「慣習的あるいは規範的（conventional or normative）」の対立概念としてのものである。前者の対立概念に関しては、クワインは徹底した物理主義の立場から、「自然化された認識論」を、物理的な人間という認識主体をあくまで自然現象の一部として研究するもの、と位置付けている。この場合「自然化された認識論」は、われわれの感覚経験とそれから構成される科学理論との関係をこれまで得られた経験科学の成果を用いつつ解明しようとする。つまり「自然化された認識論」は端的に心理学の一章、そしてそれゆえに自然科学の一章として位置付けられることになる。したがってクワインの自然主義の立場は、例えばデカルトのような基礎付け主義の立場、つまり第一哲学としての認識論があって、その上で自然学が成立するという立場とは、一線を画することになる。

他方、前段落で言及した後者の対立概念、すなわち「自然的」に対立する「規範的」なもの、つまり知識の正当化ということが有する認識の規範性は、それまでの伝統的な認識論においては重要視されていた点である。しかしながら人間における認識というものが有しているこの規範性という性格は、「自然化された認識論」においては軽視されることになってしまう。つまり認識論は自然科学の一部として捉えられることになるのであるから、価値判断を伴う規範的な要素はそこからは除外されてしまうことになる。ただしクワイン自身はあとになって、「自然化された認識論」の枠組みの中でこの認識における規範的なものをどのように位置付けるべきかを論じてはいる。[4]

また外在主義の一形態である信頼性主義も、それが核とする「信頼の置けるプロセス」に関しては、それは単に物理主義的な側面からのみ設定されるわけではなく、信頼性の基準は価値的なものを評価するわれわれによって定められるものである。したがって信頼性という語でもって知識を説明するような完全に自然化された認識論の望みは薄いと言わざるをえない。

セラーズの思想に深く影響を受けたマイケル・ウィリアムズは、「自然化された認識論」では軽視される規範的認識論の重要性を強調している。[5] たとえば懐疑論に対峙するものとしては、デカルト的な基礎付け主義といった直接的応答もありうるし、『哲学探究（*Philosophische Untersuchungen*）』（一九五三年）[6]や『確実性について（*Über Gewissheit*）』（一九六九年）[7]のウィトゲンシュタインのような、「治療的診断（Therapeutic diagnosis）」といった対処の仕方もある。ここでの「治療的診断」とは、懐疑論的問題は言葉の誤用・誤解によって生み出される擬似問題であり、懐疑論者の議論を無意味とみなす立場である。これらに対して、マイケル・ウィリアムズが推奨するのは「理論的診断（Theoretical diagnosis）」というものである。これは懐疑論者たちの議論の一見した自然さや直観さ（the naturalness or intuitiveness）を疑問視し、彼らの議論が見かけよりも一層複雑で多くの理論や先入見を背負っているということを示そうとする立場である。このような診断によって明らかとなることが期待されるのは、懐疑主義は認識論的理論構築のある特殊なジャンルに根付いたものである、ということである。

そのような「理論的診断」で重要になるのが、知識・信念の正当化が有している、「省略と説明要求

（Default and Challenge）」構造である。これは法システムにおける、「有罪と立証されない限りは無罪とされる」に類似している。つまりある人の知識の正当化においては、その正当さの理由説明を要求されない限りは、正当化を省略（Default）してよいが、説明の要求（Challenge）があるならば、それにいつでも答えなければならないという、ある種の規範性を有する構造である。この構造のさらに特筆すべき特徴は、説明を要求された側（つまり正当さを主張する側：claimants）だけでなく、説明を要求する側（challengers）にも、正当化の義務を負わせる（要求する正当な理由の提出義務）ものである、ということである。この点はセラーズの認識論が有している規範性の特徴を推し進めたものであり、ここに内在主義や外在主義の不備を補いうる利点があると著者は考えている。

このようにウィリアムズは、知識というものは省略と説明要求の構造に従う、ということを指摘している。彼によれば、「このモデルでは、正当化に関する諸々の問いはある定まった正当化の文脈において生じるのであり、その文脈は諸々の［知識の］権利の複雑で一般的には大いに暗黙的な背景によって構成されており、それらの［知識の］権利のあるものは省略的なのである」[8]。ここでの文脈主義の基本的な考えは、知識を正しく帰属させたり主張したりするための基準は状況的な・文脈的な変動に固定されはしないが影響を受けやすい、というものである。そして特にウィリアムズの文脈主義は、その中心に上記の規範性を帯びた「省略と説明要求」構造を据えているのである。[9] さらにウィリアムズは認識論における外在主義を自身の文脈主義の立場から取り除いてはおらず、むしろある種の外在主義を積極的に取り入れている。なぜなら「文脈主義はある種の外在主義を含意している。というのも、ある主張が知識を表明しているならば、諸々の適切な文脈的制約が満たされなければならないだろうが、それらの制約が満たされているということは常に［認識主体にとって］知られていなければならないだろうということはないし、信じられていなければならないだろうということさえない[10]」からである。

　このようにセラーズの思想、および彼の思想に影響を受けたマイケル・ウィリアムズの文脈主義は、現代の認識論・知識論を論じるにあたって避けて通れぬものであり、様々な形で現在の認識論・知識論の議論に影響を与えている。特に現在の認識論において主流である純粋な物理主義・外在主義では取りこぼされてしまう、人間の認識の規範性に着目しているという点で重要である。さらにマイケル・ウィリアムズは、デカルトに代表されるような基礎付け主義の立場、あるいはそのような立場に則った懐疑論的な議論がその背後に負っている様々な論理構造を批判的に分析しており（つまりウィリアムズによれば、基礎付け主義と懐疑主義はある意味同根である）、その点でもセラーズの思想やウィリアムズの懐疑主義に対する理論的診断は大いに示唆を与えてくれるものであろう。


　さてこのような本書第Ⅱ部の考察によって浮かび上がる、デカルトの「方法」とは一体何なのか。その「方法」によって構築されたデカルトの学問全体とはどのようなものなのか。彼の「方法」が彼の望むほど単純で明快なものではないことは、これまでの考察で明らかであろう。もし単純で明快な論理構造を有する「方法」であったならば、本書第Ⅱ部で論じたような問題は生じなかったはずである。そして彼の「方法」が有している論理構造の複雑さは、たとえば第Ⅱ部第二章で論じたような、形而上学と自然学との相互的な影響関係も関わっていると考えられる。

　すでに本書の「はじめに」で指摘したように、デカルトが構想していた学問とは「哲学の樹」という体系を成すものであった。デカルトがそう構想できたのも、最終的には神がそのようにこの世界を創造していると彼が確信していたからであろう。つまり「事物の真理に関する順序」に則った、神から「私」へ、そして世界へという流れに対する確信である。しかし人間がそのような事物の真理を探究する学を構築するにあたっては、デカルトは「私の把握に関する順序」に従ったのであった。このように二つの「順序」を明確に区別し、新たな学問体系の構築を試みたことは、デカルトの独自性の一つではある。しかしたとえば本書第Ⅱ部第一章で論じたように、デカルトの形而上学における議論では、二つの「順序」が混在していると思われる場面もあるだろう。

またデカルトは『省察』の第四省察で、欺かない神の存在が証明されたにもかかわらずなぜわれわれは誤るのかの原因を探ろうとするのだが、その過程であらゆるものを全体として考察すべきであることを強調している。デカルトは次のように記している。

神の作り上げたものが完全であるかどうかをわれわれが探究するたびに、ある一つの被造物が切り離された別個のものとして観察されるべきでなく、あらゆるものが全体として見て取られるべきである、ということも思い付かれる。［中略］しかしながら私は神の測り知れない能力に気付いたことからして、他の多くのものが神によって作られたということ、あるいは少なくとも作られうるということ、そしてさらに私はものごとの全体のうちで部分を保持しているということを否定することはできないのである。（AT, VII, 55-6）

「あらゆるものを全体として見る」ことの重要性は哲学に携わる者であれば誰しもが認めるべきことであろう。ただしその「全体」をわれわれはどのようなものとして、どのような仕方で、捉えていくのか。デカルトが意図したことは、「形而上学から自然学へ」と向かって、そして「最初に提示されるものが、後続するもののいかなる援助もなしに」構築されていくことである。しかしデカルトが構築しようとした学問全体は、『精神指導の規則』第一規則で彼が述べているように、認識論的には相互依存的な要素が強いものなのかもしれない。つまり本書第Ⅱ部で指摘したように、「形而上学から自然学へ」という一方向的なものではなく、「自然学から形而上学へ」という方向も含めたものであるだろう。

デカルトが実際に編み出した「方法」、つまり本書で確認してきたような「観念」理論と「分析」理論は、彼が望むような学問体系を構築するにはやはり論理的に不充分だったのか。あるいはそもそも、どのような「方法」であっても、彼が望むような「哲学の樹」といった形で諸学問を構築していくことはできないのかもしれない。デカルトをはじめとする一七世紀の著名な学者たちに共有されていた、自然世界を数学・幾何学の枠組みで捉えていくという方向性自体は高く評価されるべきである（もちろん様々な問題点も内包している）。しかしながらそのような新たな学を展開していくための、デカルトの「方法」に関しては、見かけほどそう単純ではないその複雑な論理構造のゆえに、図らずも解決困難な問題を抱えてしまったのだろう。

また二〇世紀の哲学・思想界においては様々なテーマが論じられたが、その中の重要なテーマの一つとして、「基礎付け主義／反基礎付け主義」を挙げることができる。そしてデカルトの哲学は、基礎付け主義の最も典型的なものとして常に取り上げられている。確かに先述したように、彼が望んだことは「形而上学から自然学へ」、確固不動な土台からあらゆる諸学問を基礎付けて構築することであったのだろう。しかしながら本書第Ⅱ部で考察してきたように、彼がそのために実際に用いた「方法」の論理構造は、ある種の反基礎付け主義的な要素を充分含んでいるものであった。このような点はあまり正面から論じられることはなかったであろうが、そのような部分を考慮すれば、デカルトの思想体系を単純に「基礎付け主義」と断じることは早計であろう。無論、「基礎付け主義」でないことはデカルトの意図に反することではあるのだろうが、そういった点も踏まえてデカルト哲学の再評価を行うべきである。

第Ⅱ部で取り上げた諸問題においては、関連する事柄でまだ充分に論じることができなかったことも多々ある。たとえば第Ⅱ部第一章で論じた「デカルトの循環」に関して言えば、「神の誠実性」やいわゆる「永遠真理創造説」についても詳細に論じなければならないだろう。デカルトの「観念」についても、先述したような、『省察』の第三省察で現れ「反論と答弁」などでも論じられることになる、「観念の質料的虚偽」をどう評価するかも重要である。こういったことも踏まえた上で、デカルトの哲学全体を「方法」という観点からもう一度評価し直すことは充分意義がある。本書がその足掛かりとなることを願う。

[注]

(1) アグリッパに関しては、第Ⅰ部第三章第四節およびこの章の注(22)を参照。

(2) セラーズの「経験主義と心の哲学」に関しては、第Ⅱ部第三章第一節を参照。

(3) W. V. O. Quine, 'Epistemology Naturalized', in id., *Ontological Relativity and Other Essays* (New York: Columbia University Press, 1969), pp. 69-90 [邦訳:「自然化された認識論」(伊藤春樹訳、『現代思想』一九八八年七月号所収)].

(4) W. V. O. Quine, 'Reply to Morton White', in L. Hahn and P. Schilpp (eds.), *Philosophy of W. V. Quine* (Open Court, 1986), pp. 663-5.

(5) Michael Williams, *Problems of Knowledge*, Oxford University Press, 2001. またマイケル・ウィリアムズに関しては彼の立場を明確に示した著書が出版されており (cf. Michael Williams, *Unnatural Doubts* (Princeton University Press, 1996 (1991)))、前述の二〇〇一年出版の『知識の問題』以後は、単著は出版されていないが論文はいくつか発表されている (cf. Michael Williams, 'Knowledge, Reflection and Sceptical Hypotheses', in E. Brendel & C. Jäger (eds.), *Contextualisms in Epistemology* (Dordrecht: Springer, 2005), pp. 173-201)。また哲学における「文脈主義」についても様々な立場がある (cf. Gerhard Preyer & Georg Peter (eds), *Contextualism in Philosophy; Knowledge, Meaning, and Truth* (Oxford: Clarendon Press, 2005))。

(6) Ludwig Wittgenstein, *Philosophische Untersuchungen* (Oxford: Basil Blackwell, 1953) [邦訳:『ウィトゲンシュタイン全集8 哲学探究』(藤本隆志訳、大修館書店、一九七六年)].

(7) Ludwig Wittgenstein, *Über Gewißheit* (Oxford: Basil Blackwell, 1969) [邦訳:『ウィトゲンシュタイン全集9 確実性の問題・

断片』（黒田亘・管豊彦訳、大修館書店、一九七五年）].

（8）Michael Williams, *Problems of Knowledge*, OxfordUniversity Press, 2001, p. 159.

（9）認識論における最広義の文脈主義とは、知識の主張や正当化の真偽は本質的に文脈に応じて変化する、というものだろう。ただし「知識」をどの範囲で捉えるか、「正当化」の条件として何を採用するか、「文脈」ということで何を意味するか、といった点で文脈主義はいろいろな立場を取りうる。現在の代表的な論客としては、ルイス（cf. David Lewis, 'Elusive Knowledge', *Australasian Journal of Philosophy*, vol. 74（1996）, pp. 549-67）やデローズ（cf. Keith DeRose, 'Solving the Skeptical Problem,' *Philosophical Review*, vol. 104（1995）, pp. 1-52. —, *The Case for Contextualism*（Oxford: Clarendon Press, 2009））などがいる。

（10）Michael Williams, *Unnatural Doubts*（Princeton University Press, 1996（1991））, p. 119.

あとがき

本書は、二〇〇八年に京都大学に提出した博士学位論文「デカルトの「方法」をめぐって—デカルトの「観念」理論と「分析」理論—」を元とし、それに加筆修正を施したものである。

著者が哲学を本格的に研究し始めてから約十年が経つ。京都大学総合人間学部に理系枠で入学したが、大学に入る前から漠然と哲学を研究することを志していた。そして大学に入る前と後では「哲学」に対する自分のイメージも良い意味で大きく変わった（もちろん変わらない部分もあるが）。それから様々なことを学び、本書のテーマであるデカルトの思想に学部の卒業論文から携わることになった。拙いながらも本書は、それ以来の著者のデカルト哲学研究のまとめと言えるだろう。

著者はいわゆる「カルテジアン（デカルト主義者）」ではないが、デカルト研究者であることは疑いない。立場的にはアンチカルテジアンである著者が今まで（おそらくこれからも）デカルトの思想に付合ってきたのも、デカルトが取り組んでいた諸問題が、著者自身が取り組みたい諸問題と大きく重なるからであろう。時代や国は違うとはいえ、古典から学ぶべきことはまだまだ数多い。

博士論文の提出、および本書の公刊にたどり着くには山あり谷あり、様々な壁にも突き当たった。しかし指導していただいた諸先生方、様々な助言をいただいた先輩方、一緒に勉学に励んだ研究者仲間・後輩たち、出版社の方々、そして様々な形で研究者生活を支えてくれた家族・友人のおかげでここまで研究を続けられてきた。一人ひとり名前を挙げることはしないが、この場を借りて感謝の意を表したいと思う。

二〇一一年早春　京都にて

松枝　啓至

［付記］本書の刊行にあたっては、京都大学の平成二十二年度総長裁量経費　若手研究者に係る出版助成事業による助成を受けた。

文献表

I．デカルト自身の著作に関する文献

Charles Adam et Paul Tannery（éds.），*Œuvres de Descartes*（Nouv. éd., 11 vols., Paris: Librairie Philosophique J. Vrin, 1996）.

F. Alquié（éd.），*Descartes: Œuvres philosophiques*（3 vols., Paris: Garnier, 1963-73）.

J. Cottingham, R. Stoothoff and D. Murdoch（eds.），*The Philosophical Writings of Descartes*（2 vols., Cambridge: Cambridge University Press, 1985）.

『デカルト著作集』（全四巻、白水社、一九七三年［増補版一九九三年］）。

『世界の名著　二七　デカルト』（野田又夫責任編集、中央公論新社、一九七八（一九六七）年）。

『デカルト　哲学の原理』（井上庄七・小林道夫共編、井上庄七他訳、朝日出版社、一九八八年）。

II．参考文献（編著者のアルファベット順）

Alquié, F., *La découverte métaphysique de l'homme chez Descartes*（Paris: PUF, 1950）.

———, *Leçons sur Descartes*（Paris: La Table Ronde, 2005）.

荒畑靖宏「信念と態度決定—知覚的信念をめぐるフッサールとセラーズ」（『現象学年報』第二一号（二〇〇

五年))。

Ariew, Roger, Cottingham, John and Sorell, Tom（eds.）, *Descartes'Meditations Background source materials*（Cambridge: Cambridge University Press, 1998）.

Ariew, Roger and Grene, Marjorie, 'Ideas, in and before Descartes', *Journal of the History of Ideas*, vol. 56, no. 1（January 1995）.

———（eds.）, *Descartes and his contemporaries*（Chicago: the University of Chicago Press, 1995）.

Aristotle, *The categories; On interpretation* [translated by Harold P. Cook] / *Prior analytics* [translated by Hugh Tredennick]（The Loeb classical Library 352, Cambridge, Massachusetts: Harvard University Press, 1983（1938））[邦訳：『アリストテレス全集1』（出隆監修、山本光雄編、岩波書店、一九七一年）所収].

———, *Posterior Analytics* [translated by Hugh Tredennick] / *Topica* [translated by E. S. Forster]（The Loeb classical Library 391, Cambridge, Massachusetts: Harvard University Press, 1989（1960））[邦訳：『アリストテレス全集1』（出隆監修、山本光雄編、岩波書店、一九七一年）所収].

Arnauld, A., *Des vraies et de fausses idées*（Paris: Fayard, 1986）.

Arnauld, A. et Nicole, P., *La Logique ou l'Art de Penser*, éd. critique par A. Clair et Fr. Girbal（Paris: PUF, 1965）.

Beyssade, Jean-Marie, 'L'analyse du morceau de cire', in Hans Wagner（hrsg.）, *Sinnlichkeit und Verstand*（Bonn: Bouvier Verlag Herbert Grundmamn, 1976）.

———, *La philosophie première de Descartes*（Paris: Flammarion,1979）.

———, *Descartes au fil de l'ordre*（Paris: PUF, 2001）.

———, *Études sur Descartes*（Paris: Seuil, 2001）.

Beyssade, Jean-Marie et Marion, Jean-Luc (éds.), *Descartes; Objecter et Répondre*, (Paris: PUF, 1994).

Biard, Joël et Rashed, Roshdi (éds.), *Descartes et le Moyen Âge* (Paris: Librairie Philosophique J. Vrin, 1997).

Brendel, E. & Jäger, C. (eds.), *Contextualisms in Epistemology* (Dordrecht: Springer, 2005).

Broughton, Janet, *Descartes's Method of Doubt* (Princeton: Princeton University Press, 2002).

Chappel, Vere, 'The Theory of Ideas', in A. O. Rorty (ed.), *Essays on Descartes' Meditations* (Berkeley: University of California Press, 1986).

Clarke, D., *Descartes's Theory of Mind* (Oxford: Clarendon Press, 2003).

Cottingham, J., *Descartes* (Oxford: Blackwell, 1986).

——— (ed.), *The Cambridge Companion to Descartes* (Cambridge: Cambridge University Press, 1992).

———, *A Descartes Dictionary* (Oxford: Blackwell, 1993).

——— (ed.), *Reason, Will, and Sensation; Studies in Descartes's Metaphysics* (Oxford: Clarendon Press, 1994).

——— (ed.), *Descartes* (Oxford: Oxford University Press, 1998).

———, *Cartesian Reflections* (Oxford: Oxford University Press, 2008).

Curley, E., *Descartes against the Skeptics* (Cambridge, Massachusetts: Harvard University Press, 1978).

———, 'Analysis in the *Meditations*: The Quest for Clear and Distinct Ideas', in A. O. Rorty (ed.), *Essays on Descartes' Meditations* (Berkeley: University of California Press, 1986).

———, 'Certainty: Psychological, Moral, and Metaphysical', in S. Voss (ed.), *Essays on the Philosophy and Science of René Descartes* (New York & Oxford: Oxford University Press, 1992).

DeRose, Keith, 'Solving the Skeptical Problem', *Philosophical Review*, vol. 104 (1995).

——, *The Case for Contextualism* (Oxford: Clarendon Press, 2009).

DeRose, Keith and Warfield, Ted A. (eds.), *Skepticism: A Contemporary Reader* (New York & Oxford: Oxford University Press, 1999).

デカルト研究会編『現代デカルト論集』(全三巻［フランス篇、英米篇、日本篇］、勁草書房、一九九六年)。

Doney, W., 'The Cartesian Circle', *Journal of the History of Ideas*, vol. 16 (1955).

—— (ed.), *Eternal Truths and The Cartesian Circle: A Collection of Studies* (New York & London: Garland Pub., 1987).

Etchemendy, J., 'The Cartesian Circle: Circulus ex tempore', *Studia Cartesiana*, vol. 2 (Amsterdam: Quadratures, 1981).

Frankfurt, H., 'Memory and the Cartesian Circle', *Philosophical Review*, vol. 71 (1962).

——, 'Descartes's Validation of Reason', *American Philosophical Quarterly*, vol. 2, no. 2 (1965).

——, *Demons, Dreamers and Madmen: The Defense of Reason in Descartes's Meditations* (New York: Garland, 1987 (1970)).

福居純『デカルト研究』(創文社、一九九七年)。

Garber, D., *Descartes' Metaphysical Physics* (Chicago: the University of Chicago Press, 1992).

——, *Descartes Embodied* (Cambridge: Cambridge University Press, 2001).

Garber, D. and Cohen, L., 'A Point of Order: Analysis, Synthesis and Descartes's *Principles*', *Archiv für Geschichte der Philosophie*, Bd. 64 (1982).

Gaukroger, S., *Cartesian Logic* (Oxford: Clarendom Press, 1989).

——, *Descartes: An Intellectual Biography* (Oxford: Clarendon Press, 1995).

——, *Descartes' System of Natural Philosophy* (Cambridge: Cambridge University Press, 2002).

———, *The Emergence of a Scientific Culture*（Oxford: Oxford University Press, 2006）.

Gaukroger, S., Schuster, J. and Sutton, J.（eds.）, *Descartes' Natural Philosophy*（London & New York: Routledge, 2000）.

Gewirth, A., 'Clearness and Distinctness in Descartes', *Philosophy*, vol. 18（1943）.

Gilson, Étienne, *Index Scolastico-Cartésien*（Paris: Vrin, 1979（1913））.

———, *Études sur le rôle de la pensée médiévale dans la formation du système cartésien*（Paris: Vrin, 2005（1930））.

Gouhier, H., *La pensée métaphysique de Descartes*（Paris: Vrin, 1962）.

Grimaldi, N., *Descartes et ses fables*（Paris: PUF, 2006）.

Gueroult, M., *Descartes selon l'ordre des raisons*（2vols., Paris: Aubier, 1968（1953））.

浜野研三「クワインとセラーズ—規範の位置」（『人文論究（関西学院大学人文学会）』第五一巻第四号（二〇〇二年））。

Hintikka, J., 'A Discourse on Descartes's Method', in M. Hooker（ed.）, *Descartes: Critical and Interpretive Essays*（Baltimore: Johns Hopkins University Press, 1978）.

———, 'Cogito, ergo sum: inference or performance?', *Philosophical Review*, vol. 71（1962）.

Hobbes, T., *Thomae Hobbes Malmesburiensis Opera Philosophica quae Latine scripsit Omnia*, in unum corpus nunc primum collecta studio et labore Gulieni Molesworth, Vol.1（reprint of the edition 1839-45, Scientia Aalen, 1961）.

———, *The English Works of Thomas Hobbes of Malmesbury*, now first collected and edited by Sir William Molesworth, Vol. 3（reprint of the edition 1839, Scientia Aalan, 1962）.

Hooker, M.（ed.）, *Descartes: Critical and Interpretive Essays*（Baltimore: Johns Hopkins University Press, 1978）.

Jolley, Nicholas, *The Light of the Soul*（Oxford: Clarendon Press, 1990）.

香川知晶「精神の洞見と「実体」」（『理想』五八九号（一九八二年六月））。

Kant, I., *Kritik der reinen Vernuft*, nach der 1. and 2. Orig.-Ausg. hrsg. von J. Timmermann, mit einer Bibliogr. von H. Klemme（Hamburg: Meiner, 1998）.

Kenny, A., *Descartes: a Study of His Philosophy*（New York: Garland, 1987（1968））.

木島泰三「ホッブズの「観念」試論—デカルト『省察』への反論から—」（『哲学年誌（法政大学大学院人文科学研究科哲学専攻）』第三〇号（一九九八年））。

Kobayashi, M., *La Philosophie Naturelle de Descartes*（Paris: Vrin, 1993）［日本語版：小林道夫『デカルトの自然哲学』（岩波書店、一九九六年）］.

小林道夫『デカルト哲学の体系』（勁草書房、一九九五年）。

近藤洋逸『デカルトの自然像』（岩波書店、一九五九年）。

Landesman, C., *Skepticism: The Central Issues*（Blackwell, 2002）.

Landesman, Charles and Meeks, Roblin（eds.）, *Philosophical Skepticism*（Oxford: Blackwell Publishing, 2003）.

Lewis, David, 'Elusive Knowledge', *Australasian Journal of Philosophy*, vol. 74（1996）.

Locke, John, *An Essay concerning Human Understanding*, ed. P. H. Nidditch（Oxford: Oxford University Press, 1975）.

マホーニィ、マイケル・S『歴史における数学』（佐々木力編訳、勁草書房、一九八二年）。

Marion, J-L., *Sur la théologie blanche de Descartes*（Paris: PUF, 1981）.

———, *Sur le prisme métaphysique de Descartes*（Paris: PUF, 1986）.

———（éd.）, *Descartes*（Paris: Bayard, 2007）.

Markie, P., 'Clear and Distinct Perception and Metaphysical Certainty', *Mind*, vol. 88（1979）.

——, *Descartes's Gambit* (Ithaca: Cornell University Press, 1986).

持田辰郎「デカルトにおける「質料的虚偽」と観念の精錬」（『名古屋学院大学論集　言語・文化篇』第一三巻第二号（二〇〇二年））。

Morris, John, 'Descartes's Natural Light', *Journal of the History of Philosophy*, vol. 11 (1973).

Moyal, G. (ed.), *Descartes: Critical Assessments* (4vols., New York & London: Routledge, 1991).

——, *La Critique Cartésienne de la Raison* (Montréal: Bellarmin, 1997).

村上勝三『観念と存在　デカルト研究1』（知泉書館、二〇〇四年）。

武藤整司「デカルトにおける「質料的虚偽」概念の検討」（『高知大学学術研究報告』第四一巻（一九九二年）人文科学）。

Nadler, Steven M., *Arnauld and the Cartesian philosophy of ideas* (Princeton: Princeton University Press, 1989).

野田又夫『野田又夫著作集1　デカルト研究』（白水社、一九八一年）。

Normore, C., 'Meaning and Objective Being: Descartes and His Sources', in A. O. Rorty (ed.), *Essays on Descartes' Meditations* (Berkeley: University of California Press, 1986).

Osler, Margaret J., *Divine will and the mechanical philosophy* (Cambridge: Cambridge University Press, 1994).

Paganini, G., *Skepsis: Le Débat des Modernes sur le Scepticisme* (Paris: Vrin, 2008).

Pariente, Jean-Claude (éd.), *Antoine Arnauld: Philosophie du langage et de la connaissance* (Paris: Libraire Philosophique J. Vrin, 1995).

ポプキン、リチャード・H『懐疑：近世哲学の源流』（野田又夫・岩坪紹夫訳、紀伊國屋書店、一九八一年）。

Preyer, G. & Peter, G. (eds.), *Contextualism in Philosophy; Knowledge, Meaning, and Truth* (Oxford: Clarendon Press,

2005).

Quine, W. V. O., 'Epistemology Naturalized', in id., *Ontological Relativity and Other Essays*（New York: Columbia University Press, 1969）［邦訳：「自然化された認識論」（伊藤春樹訳、『現代思想』一九八八年七月号所収)］.

———, 'Reply to Morton White', in L. Hahn and P. Schilpp（eds.）, *Philosophy of W. V. Quine*（Open Court, 1986）.

Rodis-Lewis, G., *L'Œuvre de Descartes*（2vols., Paris: Vrin, 1971）［邦訳：『デカルトの著作と体系』（小林道夫・川添信介訳、紀伊國屋書店、一九八八年)］.

———, *Descartes*（Paris: Calmann-Lévy, 1995）［邦訳：『デカルト伝』（飯塚勝久訳、未来社、一九九八年)］.

———, *Le Développement de la Pensée de Descartes*（Paris: Vrin, 1997）.

Rorty, A. O.（ed.）, *Essays on Descartes' Meditations*（Berkeley: University of California Press, 1986）.

Rorty, Richard, *Philosophy and the Mirror of Nature*（Princeton, New Jersey: Princeton University Press, 1979）［邦訳：『哲学と自然の鏡』（野家啓一監訳、産業図書、一九九三年)］.

佐々木力『近代学問理念の誕生』（岩波書店、一九九二年)。

Sellars, Wilfrid, 'Empiricism and the Philosophy of Mind', in Herbert Feigl and Michael Scriven（eds.）, *Minnesota Studies in the Philosophy of Science*, vol. 1（Minneapolis: University of Minnesota Press, 1956）.

———, *Science, Perception and Reality*（London: Routledge & Kegan Paul, 1963）［邦訳：『経験論と心の哲学』（神野慧一郎・土屋純一・中才敏郎訳、勁草書房、二〇〇六年)］.

———, *Empiricism and the Philosophy of Mind*（Cambridge: Harvard University Press, 1997）［邦訳：『経験論と心の哲学』（浜野研三訳、岩波書店、二〇〇六年)］.

Sextus Empiricus, *Outlines of Pyrrhonism* [with an English translation by R. G. Bury]（The Loeb classical Library 273, Cambridge, Massachusetts: Harvard University Press, 1993（1933））[邦訳：セクストス・エンペイリコス『ピュロン主義哲学の概要』（金山弥平・金山万里子訳、京都大学学術出版会、一九九八年）].

Sinnott-Armstrong, Walter（ed.）, *Pyrrhonian Skepticism*（Oxford: Oxford University Press, 2004）.

Sorell, T., *Descartes Reinvented*（Cambridge: Cambridge University Press, 2005）.

菅野盾樹「言語のような精神—W．セラーズの類比説に関する一考察」（『大阪大学大学院人間科学研究科紀要』第二六巻（二〇〇〇年））。

冨田恭彦『ロック哲学の隠された論理』（勁草書房、一九九一年）。

――――『観念説の謎解き』（世界思想社、二〇〇六年）。

Trapnell, William H., *The treatment of Christian doctrine by philosophers of the natural light from Descartes to Berkeley*（Oxford: Voltaire Foundation at the Taylor Institution, 1988）.

Voss, S.（ed.）, *Essays on the Philosophy and Science of René Descartes*（New York & Oxford: Oxford University Press, 1992）.

Williams, B., *Descartes: The Project of Pure Enquiry*（London & New York: Routledge, 2005（1978））.

Williams, Michael, *Unnatural Doubts*（Princeton University Press, 1996（1991））.

――――, *Problems of Knowledge: A Critical Introduction to Epistemology*（Oxford: Oxford University Press, 2001）.

――――, 'Knowledge, Reflection and Sceptical Hypotheses', in E. Brendel & C. Jäger（eds.）, *Contextualisms in Epistemology*（Dordrecht: Springer, 2005）.

Wilson, Margaret D., *Descartes*（London & New York: Routledge, 1978）.

Wittgenstein, Ludwig, *Philosophische Untersuchungen*（Oxford: Basil Blackwell, 1953）[邦訳：『ウィトゲンシュタイン

全集８　哲学探究』（藤本隆志訳、大修館書店、一九七六年）］.
——, *Über Gewißheit*（Oxford: Basil Blackwell, 1969）［邦訳：『ウィトゲンシュタイン全集９　確実性の問題・断片』（黒田亘・菅豊彦訳、大修館書店、一九七五年）］.
山田弘明「ガッサンディとデカルト」（『人文社会研究（名古屋市立大学教養部紀要）』第二一巻（一九七七年））。
Yolton, John W., *Perceptual Acquaintance from Descartes to Reid*（Oxford: Basil Blackwell, 1984）.
湯川佳一郎・小林道夫編『デカルト読本』（法政大学出版局、一九九八年）。
Zarka, Yves Charles, 'First philosophy and the foundation of knowledge', in Tom Sorell（ed.）, *The Cambridge Companion to Hobbes*（New York: Cambridge University Press, 1996）.

索　引

タ行

ナ行

ハ行

マ行

ヤ行

ラ行

ワ行

索　引

ア行

カ行

サ行

著者紹介

松枝　啓至（まつえ　けいし）
1978年　熊本県に生まれる
2002年　京都大学総合人間学部卒業
2008年　京都大学大学院人間・環境学研究科博士後期課程修了
京都大学博士（人間・環境学）
現　在　京都大学非常勤講師などをつとめる

主な著訳書
共著　『知を愛する者と疑う心—懐疑論八章—』（晃洋書房、2008年）
論文　「デカルトの自然主義的性格—第三省察における「観念」—」（『人間存在論』第16号、2010年）など

プリミエ・コレクション 4
デカルトの方法

平成23（2011）年6月15日　初版第1刷発行

著　者　松《まつ》　枝《え》　啓《けい》　至《し》
発行人　檜　山　爲　次　郎
発行所　京都大学学術出版会
京都市左京区吉田近衛町69
京都大学吉田南構内（〒606-8315）
電　話（075）761-6082
ＦＡＸ（075）761-6190
ＵＲＬ　http://www.kyoto-up.or.jp
振　替　01000-8-64677
印刷・製本　亜細亜印刷株式会社

© Keishi Matsue
ISBN978-4-87698-562-3
Printed in Japan
定価はカバーに表示してあります

本書のコピー，スキャン，デジタル化等の無断複製は著作権法上での例外を除き禁じられています。本書を代行業者等の第三者に依頼してスキャンやデジタル化することは，たとえ個人や家庭内での利用でも著作権法違反です。